托育机构运营管理实务手册

主　编： 陈　玲

主　审： 李华京

副主编： 许惠芳　张星星　陈　燕　董威辰

编　委： 马　菁　王珊珊　王　瑛　王　静　邓晓玲
史安华　付奎亮　朱　驯　刘　玮　刘　强
刘德驹　许巧年　杨　印　杨珊珊　杨　勇
杨彩霞　吴　杨　吴　洁　余　静　辛宜津
张乃云　张梅珍　陈　云　易中兵　金　莉
周　丹　周向群　赵天抒　倪　敏　章　艳
蔡梦如　戴志骢　何　娟　刘菲菲　钱丽冰
盛莲莲　杨宇净　周　茜

支持单位： 中国儿童中心
江苏垒途智能教科技术研究院
江苏抚育安婴幼儿保育服务有限公司
南京婴幼儿早期发展行业协会
九曜教育咨询集团有限公司
晓渔堂
台湾抚育安爱希望托婴中心
南京财经高等职业技术学校

复旦大学出版社

图书在版编目(CIP)数据

托育机构运营管理实务手册/陈玲主编. —上海：复旦大学出版社，2020.10(2023.7重印)
ISBN 978-7-309-15348-4

Ⅰ.①托… Ⅱ.①陈… Ⅲ.①幼儿园-管理-手册 Ⅳ.①G617-62

中国版本图书馆 CIP 数据核字(2020)第 185998 号

托育机构运营管理实务手册
陈　玲　主编
责任编辑/查　莉

复旦大学出版社有限公司出版发行
上海市国权路 579 号　邮编：200433
网址：fupnet@ fudanpress. com　http://www.fudanpress. com
门市零售：86-21-65102580　团体订购：86-21-65104505
出版部电话：86-21-65642845
上海丽佳制版印刷有限公司

开本 787×1092　1/16　印张 9　字数 186 千
2023 年 7 月第 1 版第 3 次印刷
印数 8 201—10 300

ISBN 978-7-309-15348-4/G·2168
定价：49.00 元

任何企业要走得够远，规范化、系统化和完善化的管理必不可少，托育机构也如此。现代托育机构是一个多面性多结构的有机结合体，它必须通过系统管理才能获得高效益。每一个托育机构从建园起就有自己前进的目标，如何实现目标则体现出管理者以及管理团队的智慧。因此托育机构应从局部的零散的点滴经验性管理发展成整体设计、不断反思、勇于创新的管理体系。

所谓"简约　朴素"的管理，是指在"以儿童为本"理念的指导之下，在托育机构成熟的质量管理秩序之基础上，利用科学的方法，将管理主要目标以外的"枝节"因素尽可能的剔除，使复杂的问题简单化，使简单的问题条理化，使条理化的问题更简单，从而简化管理环境，优化工作流程，简述文字性工作，提高工作效率，以期创造一种更高效的管理方法。

本书的核心理念正是"简约　朴素"。全书内容基本涵盖了托幼机构内部各成员各环节各方面的基本要素，也涵盖了机构与外界进行联络与沟通的各个必要方面，阐明了幼儿园管理系统的原则以及部门的职责。全书通过"教学常用表"和"保健常用表"，阐明园所管理的各个事项，诸如教育教学中的编班、课程教育、教学管理、教师评价以及教师队伍的建设，儿童保健、卫生安全，食堂伙食等管理工作；通过"行政常用表"阐明人事、证章、日常工作管理的方法；通过"后勤常用表"阐明财务、资料档案、设施设备等方面的管理要求；通过"业务与市场常用表"阐明幼儿园的其他社会关系以及对家长工作的管理和市场开发以及教师的专业成长等。各种表格的制定落实，其终极目标就是要把"以儿童为本"的教育理念和"简约　朴素"的管理理念有机结合并逐渐地渗透到各个部门以及每个员工和家长的行为当中去，成为共同自觉遵守的行为规范体系。

希望通过本书能使大家明确园所的使命以及目标，强化员工和家长的认同感；帮助员工明确工作中应该遵循的规范准则，并有助于配合其他管理制度的辅助实施，进而在实际工作中作为一种制度起到指导和约束作用；对更多的社会大众来说，她又是载体工具，将对园所文化的建设起到积极的促进作用。

今天，每一个幼教工作者都站在了新的历史起点上，我们要以积极的姿态迎接社会的挑战，要从社会发展的高度去思考早期教育，增强对社会问题的职业敏感性以及诊断与决策能力，做早期教育的勇敢实践者和创新者，携手社会各界共同办家长满意的托育机构，办有文化内涵的卓越的托育机构，最终实现"一切为了孩子、为了孩子的一切，为了一切的孩子"的理念目标。

倪 敏

2020年6月3日于南京风华园

目录

02 行政常用表单列表 / 041

03 后勤常用表单列表 / 081

04 业务与市场常用表单列表 / 093

01

安全保健常用表单列表

- ▶ · 安全类
- · 卫生类

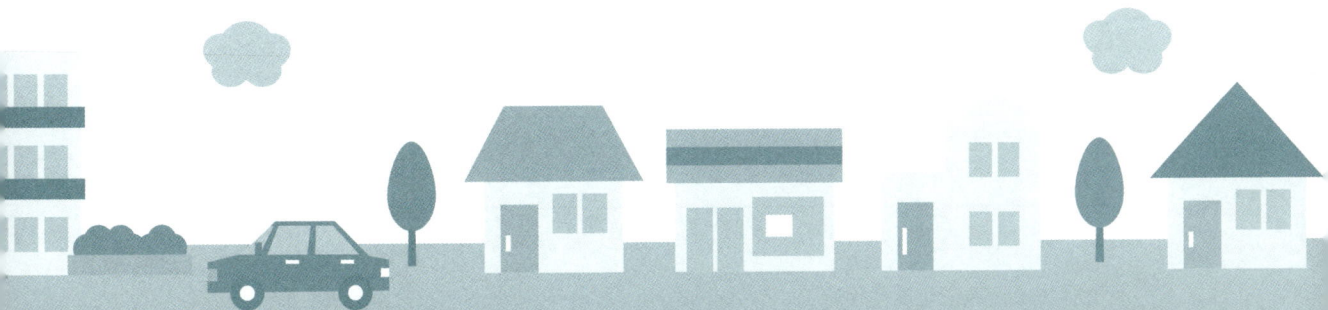

（一）安全类

安全检查月表

检查人员：
检查范围：
检查记录：
主要安全隐患：
整改措施：
整改人：

安全检查周表

第_____周   _____年____月____日

项　目	检 查 要 点	检查结果	落实情况
园舍安全	园舍墙壁是否有裂缝、倾斜		
	户外围墙、围栏是否鼓胀倾斜,是否松动		
	窗扇是否掉扇,玻璃是否出现破损、裂纹		
	走廊是否有杂物,紧急疏散通道是否畅通		
	用电线路接头、开关无破损、裸露		
	灯、展板、悬挂物品等牢靠		
	照明正常		
	卫生间设施牢固,地面干燥防滑		
	大型玩具牢固无破损,玩教具无尖角,无破损		
卫生安全	坚持每日晨检,杜绝传染病进园		
	师幼个人卫生情况良好		
	室内外环境干净整洁		
	园所班级定期向幼儿及家长宣传卫生保健知识		
门卫管理	园所封闭管理		
	固定人员值班,坚持每日定时巡视		
	家长接送凭卡入内		
	外来人员来访,坚持登记落实		
消防安全	紧急疏散标志,应急照明装置能正常使用		
	灭火器有效期内,能正常使用		
	全园会使用消防器材		
	定期进行消防安全教育及演练		
其他安全隐患排查记录			

检查人签字:

设备检查维修登记表

报修日期	维修项目	损坏情况描述	地点	报修人	建议完成时间	完成（日期）	维修负责人

注：“完成”一栏由负责维修人员填。

早值安全检查记录表

_____年____月

日期	项目												早值检查人
	地板			厕所				安全		清洁			
	无异物掉落	无湿滑处	无蚂蚁	马桶无异味	卫生纸充足	清洁用品收起	地面排水良好	电线收纳良好	插座盖无脱落	门口清扫	玻璃擦拭	桌椅擦拭	

备注：早值人员于每日上班时，须详细检查各项安全状况。

晚值安全检查记录表

日期	项 目									晚值检查人
	电灯	空调	电脑	打卡机	插头	空气净化机	紫外线杀菌灯	垃圾	门窗	

备注：1. 晚值人员于每日下班前，须详细检查各班电源、门窗是否关闭。

2. 为维护用电安全，各班电源插座均要拔掉。

值班交接事项表

日　期	交接者	交　接　事　项	值班交接者
＿＿＿＿＿年 ＿＿＿＿＿月 ＿＿＿＿＿日			
＿＿＿＿＿年 ＿＿＿＿＿月 ＿＿＿＿＿日			
＿＿＿＿＿年 ＿＿＿＿＿月 ＿＿＿＿＿日			
＿＿＿＿＿年 ＿＿＿＿＿月 ＿＿＿＿＿日			
＿＿＿＿＿年 ＿＿＿＿＿月 ＿＿＿＿＿日			
＿＿＿＿＿年 ＿＿＿＿＿月 ＿＿＿＿＿日			

晨检流程（范例）

▲▲▲ 晨检物品定点放置

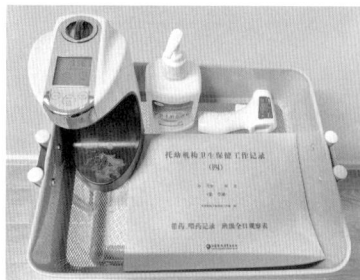

晨检所需物品统一置于晨检车上，最上层：感应洗手液机，手消毒液，体温计，晨检记录本

晨检第二层放口罩，第三层放医药箱

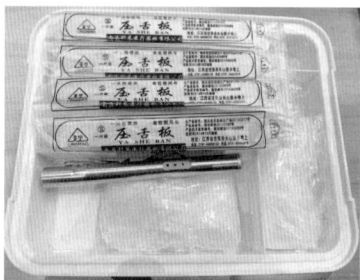

急救箱上层：压舌板，手电筒，橡胶手套

急救箱下层：消毒棉签，创口贴，纱布，头围尺，碘伏消毒片

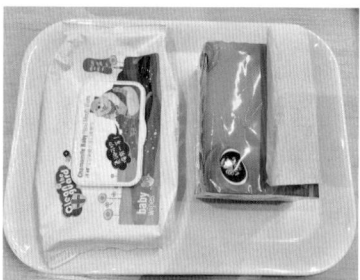

晨检前备好纸巾置于托盘中，供幼儿需要时使用，待幼儿全部进入托育中心后收掉

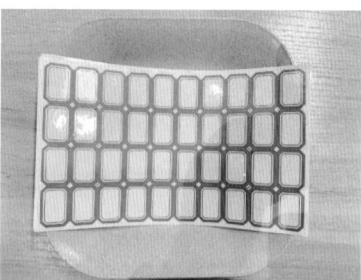

晨检前准备适量标记贴置于托盘中，供带药幼儿使用，晨检结束后收掉

附：每日待幼儿全部离开中心后，检查晨检物品，及时补充、清理，使所有物品处于备用状态，晨检车上物品每周用84消毒溶液擦拭消毒一次，一次性无菌用品每周检查有效期。

▲▲▲ 晨检内容

头部：

观察有无外伤、红肿青紫，有异常的幼儿请家长带回就医；

观察眼睛是否充血，有异常的幼儿请家长带回就医；

观察口腔、咽部有无破溃或疱疹，用手电筒探照，必要时用压舌板，有异常的幼儿请家长带回就医；

测体温，体温异常（37.5℃以上）的幼儿请家长带回就医；

检查衣服及口袋有无尖锐物品，如发现请家长带回；

检查双手有无破溃、红肿、皮疹，并予手消毒液给幼儿清洁双手；

询问前一天离开中心后至现在有无不适。

晨检结束后，将当天情况记在晨检记录本上，如下图：

晨 间 检 查 记 录

晨检者：

日期	班级	姓名	晨检情况	持续天数	异常情况处理			是否带药	最后诊断	持续天数
			家长主诉和检查	日期	外伤处理	保健室观察	班级观察			日期

注：1. 持续天数日期记录格式：2/3、3/3、4/3……（表示3月2日、3月3日……）。
2. 异常情况处理指外伤处理、保健室观察、班级观察。
3. 如全园无异常情况则在"晨检情况"一格中记录"全园无异常"。
4. "是否带药"一格，只填写"是"或"不是"，不用写药名。
5. 本表不记录发烧咳嗽的幼儿，"最后诊断"只记录有症状但等于无人入园的幼儿。

患儿如有带药，必须有正规医院病例为证，其余一律不收，将药物和病例一起放在准备的小约框中，并用标记贴写在药框上，严格按照病例要求喂药，观察用药后有无不良反应并记录在喂药登记本上，请家长签字，如下图：

家长带药、园内喂药记录

日期	班级	姓名	服药原因	药品名称	给药方法	服药剂量和时间	家长签名	给药异常情况	喂药人签名

注：1. 给药方法指口服、外用、滴眼、滴耳、吸入等。给药异常情况指呕吐、拒服、过敏等。
2. 园内喂药需有医院病历或处方，按医嘱喂药，其他药不喂。

▲▲▲ 整理物品

晨检结束时，将所有晨检的相关物品整齐地放回晨检车中，并推回原处。

午休照护标准作业流程

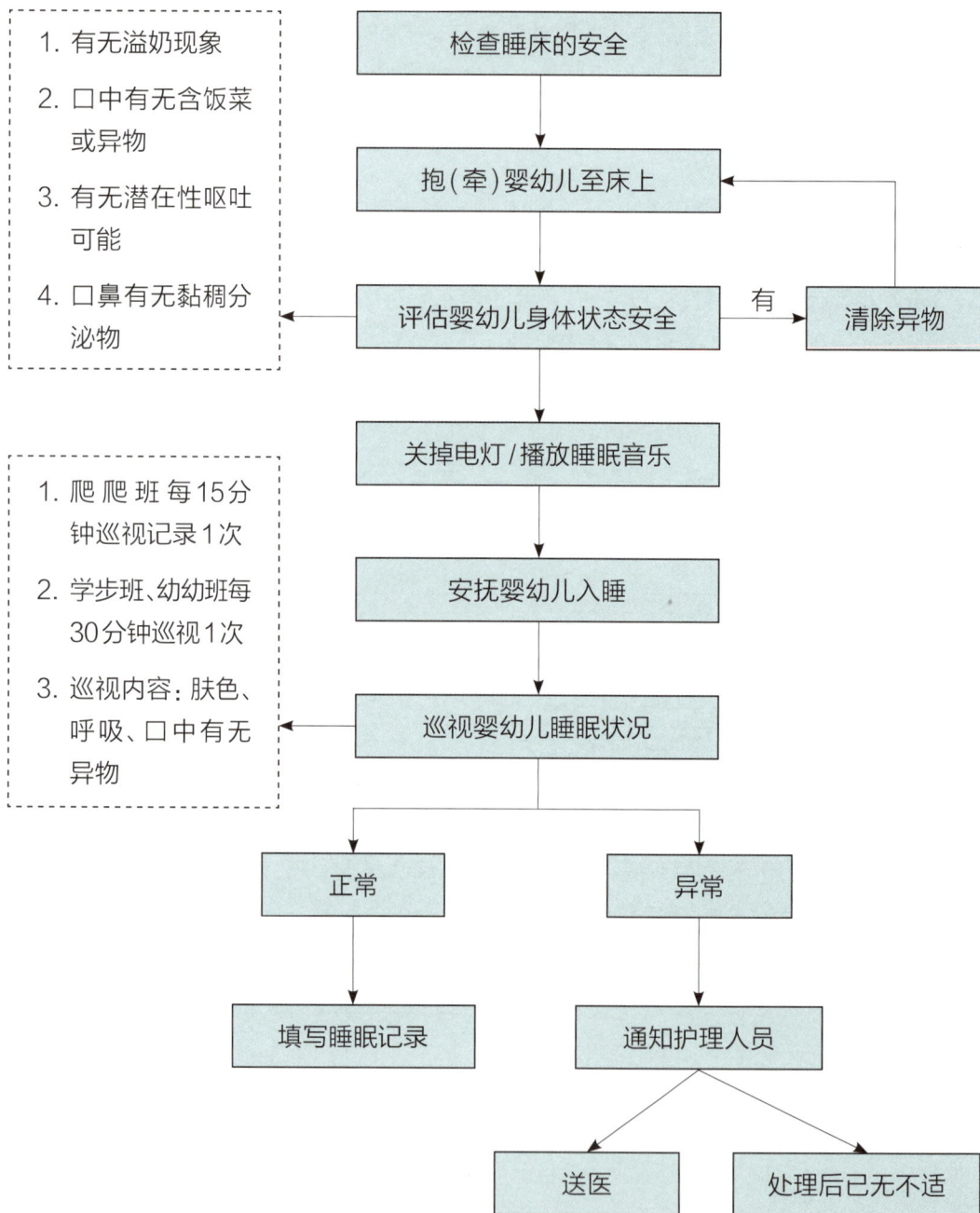

1. 有无溢奶现象
2. 口中有无含饭菜或异物
3. 有无潜在性呕吐可能
4. 口鼻有无黏稠分泌物

检查睡床的安全

↓

抱(牵)婴幼儿至床上 ←

↓

评估婴幼儿身体状态安全 —有→ 清除异物

↓

关掉电灯/播放睡眠音乐

↓

安抚婴幼儿入睡

↓

巡视婴幼儿睡眠状况

1. 爬爬班每15分钟巡视记录1次
2. 学步班、幼幼班每30分钟巡视1次
3. 巡视内容：肤色、呼吸、口中有无异物

巡视婴幼儿睡眠状况 分为：

正常 → 填写睡眠记录

异常 → 通知护理人员 → 送医 / 处理后已无不适

注意事项：如已经溢奶过,枕头和棉被务必重新更换,确保卧具是干净的才可让婴幼儿继续就寝,且照顾者必须特别提高警惕,避免发生因溢奶口鼻被遮盖无法呼吸而发生窒息现象。

午睡巡查记录

班级 : _____

巡查 日期	巡查具体 时间	是否 入睡	睡姿 是否合适	是否 合理盖被	异常情况 处理	巡查人 签名

幼儿每日健康状况记录表

班级：_____　　　日期：_____年_____月_____日

幼儿姓名	每日体温	整 体 状 况	身体状况 圈选	卫生习惯	处理情形	备注	托育人员签名
		食欲/用餐　□棒　□适中　□欠佳 精神状况　□佳　□适中　□加强 活动力　□佳　□适中　□加强 情绪　□快乐　□稳定　□哭闹	1. 发热　2. 皮肤红肿　3. 皮肤发疹 4. 腹泻　5. 便秘　6. 少尿　7. 呕吐 8. 身体有瘀青外伤　9. 身体有异样 外伤　10. 咳嗽　11. 流鼻水 12. 鼻塞　13. 尿布疹　14. 蚊叮 15. 其他	指甲、头发、 脸部、衣服、 鞋袜清洁 □是　□否	□给药 □联络 　家长 □其他：	□事假 □病假	
		食欲/用餐　□棒　□适中　□欠佳 精神状况　□佳　□适中　□加强 活动力　□佳　□适中　□加强 情绪　□快乐　□稳定　□哭闹	1. 发热　2. 皮肤红肿　3. 皮肤发疹 4. 腹泻　5. 便秘　6. 少尿　7. 呕吐 8. 身体有瘀青外伤　9. 身体有异样 外伤　10. 咳嗽　11. 流鼻水 12. 鼻塞　13. 尿布疹　14. 蚊叮 15. 其他	指甲、头发、 脸部、衣服、 鞋袜清洁 □是　□否	□给药 □联络 　家长 □其他：	□事假 □病假	
		食欲/用餐　□棒　□适中　□欠佳 精神状况　□佳　□适中　□加强 活动力　□佳　□适中　□加强 情绪　□快乐　□稳定　□哭闹	1. 发热　2. 皮肤红肿　3. 皮肤发疹 4. 腹泻　5. 便秘　6. 少尿　7. 呕吐 8. 身体有瘀青外伤　9. 身体有异样 外伤　10. 咳嗽　11. 流鼻水 12. 鼻塞　13. 尿布疹　14. 蚊叮 15. 其他	指甲、头发、 脸部、衣服、 鞋袜清洁 □是　□否	□给药 □联络 　家长 □其他：	□事假 □病假	
		食欲/用餐　□棒　□适中　□欠佳 精神状况　□佳　□适中　□加强 活动力　□佳　□适中　□加强 情绪　□快乐　□稳定　□哭闹	1. 发热　2. 皮肤红肿　3. 皮肤发疹 4. 腹泻　5. 便秘　6. 少尿　7. 呕吐 8. 身体有瘀青外伤　9. 身体有异样 外伤　10. 咳嗽　11. 流鼻水 12. 鼻塞　13. 尿布疹　14. 蚊叮 15. 其他	指甲、头发、 脸部、衣服、 鞋袜清洁 □是　□否	□给药 □联络 　家长 □其他：	□事假 □病假	

备注：病假请注明原因。

幼儿考勤表

_____年_____月

编制单位：　　　　　　班级：　　　　　　考勤老师：

序号	姓名	1	2	3	4	5	6	7	8	9	10	11	12	13	14	15	16	17	18	19	20	21	22	23	24	25	26	27	28	29	30	31	出勤	缺勤
1																																		
2																																		
3																																		
4																																		
5																																		
6																																		
7																																		
8																																		
9																																		
10																																		
11																																		
12																																		
13																																		
14																																		
15																																		
16																																		
工作日						应到天数							实到天数						缺勤天数						出勤率								

幼儿进餐人数登记表

_____年_____月_____日一_____年_____月_____日

班　级	日　期				
	周一	周二	周三	周四	周五
爬爬班					
学步班					
幼幼 1					
幼幼 2					

幼儿每周食谱（范例）

	星期一	星期二	星期三	星期四	星期五
上午点心	安佳牛奶 牛奶吐司	安佳牛奶 热狗	安佳酸奶 清水蛋糕	安佳牛奶 蛋挞	安佳牛奶 牛奶泡芙
午餐	白米饭 珍珠肉圆 虾米冬瓜 菜秧油果汤	白米饭 香菇鸡腿 手撕包菜	意大利面 牛排 罗宋汤	手工猪肉馄饨	黄金米饭 双椒牛柳 彩椒花菜 银鱼蛋羹
下午点心	可可酥 圣女果	DIY 自制披萨 蓝莓	小桃酥 芒果	枸杞红枣汤 香蕉	手撕包 梨子

食品进出库记录表

日期	食品名称	生产日期	保质期	入库数	出库数	结余	领用人

食物留样记录表

日期	早点		午餐			午点		留样人

幼儿进餐检查表

餐　时	检 查 项 目 （优秀10分　良好7分 一般4分　差1分）	得 分			
		___班	___班	___班	___班
餐前 10:40— 11:00	清洁、消毒餐桌				
	保育员按时按点取幼儿餐具				
	幼儿餐具取回途中加盖、防尘				
	安抚幼儿就餐前的情绪、介绍饭菜				
	准备幼儿洗手的洁具和擦手毛巾				
餐时 11:00— 11:40	盥洗室内教师操作规范（卷袖子、正确指导幼儿洗手、掌控好衔接时间）				
	幼儿餐桌的正确消毒（消毒水的配备、清消清、消毒液的正确摆放位置）				
	消毒餐桌时小椅子的摆放（方便幼儿洗手后不触碰即可入座）				
	盥洗室使用后的整理				
	指导幼儿吃饭的语言及添饭用语，不催促幼儿吃饭				
	给幼儿添汤时汤桶的正确摆放				
餐后 11:40— 12:00	指导幼儿正确漱口或口腔清洁				
	餐巾的正确使用及摆放				
	幼儿擦漱完毕后安静等待，教师对活动的组织				
	餐后的卫生打扫				
总分					

检查日期：　　　　　　　　检查人：

幼儿事故伤害应急处理技巧

事故伤害的类型	急 救 措 施
撞伤	● 出现瘀血时：马上冰敷，避免用手搓揉 ● 出现擦伤时：止血→清洗伤口→擦药消毒→必要时包扎
跌伤	止血→清洗伤口→擦药消毒→必要时包扎
割伤	止血→清洗伤口→擦药消毒→必要时包扎
刺伤	● 先用镊子将刺拔出，再将伤口的脏血挤出，止血、消毒、包扎 ● 若伤口很深或是由有倒钩的刺造成的，先止血后立即送医
咬伤	动物咬伤，先用清水清洗伤口，而后止血、送医
烫伤	● 轻微烫伤：用流动的冷水冲洗伤口5—10分钟，再以湿润纱布覆盖伤口 ● 严重烫伤：依据"冲脱泡盖送"的步骤处理 1. 冲：用流动的冷水冲洗伤口15—30分钟，若无法冲洗伤口，可用冷敷 2. 脱：在冷水中脱去或剪开烫伤处的衣物 3. 泡：在冷水浸泡30分钟 4. 盖：用干净的布覆盖伤处 5. 送：立即送医 注意： ● 有水泡的烧烫伤口，不可弄破，以防感染 ● 勿于灼伤处吹气或涂抹酱油、糨糊、色拉油、牙膏、消炎粉等，以防伤情恶化
扭伤	● 先冰敷再包扎固定，不可扭动或甩动伤处 ● 避免移动 ● 若情况严重的扭伤，则应该在完成上述步骤后，立即送医治疗

事故伤害的类型	急 救 措 施
骨折、脱臼	● 不可随意搬动患者,迅速联络救护车 ● 若有出血则先止血 ● 骨折、脱臼处先固定,再搬上救护车 ● 处理骨折时,应先处理窒息、出血及严重创伤 ● 开放性骨折造成出血,应以消毒纱布覆盖,再用绷带包扎止血,突出骨端不宜推回皮肤内 ● 在危急状况下找不到夹板或替代物时,可以伤者的健康肢体充当夹板,支托固定伤肢,如左、右脚
异物入鼻	● 先用力擤鼻或打喷嚏,把异物擤出来 ● 若异物不深,可用镊子取出 ● 若影响呼吸,可以张口呼吸 ● 以上无效时,立即送医
异物入耳	● 若是水入耳,头侧向进水侧,再用棉签擦拭 ● 若是昆虫入耳,先到黑暗处,可用手电筒照向耳道,或将耳朵往下往后拉(3岁以下),朝向光亮处 ● 以上无效,则滴入数滴油类(例如甘油或色拉油),使昆虫窒息而死,再用镊子取出 ● 若豆类或小石头入耳,则异物入耳的耳朵向下摇头,使异物排出,若无效则立即送医
异物入眼	● 先闭眼,让眼泪冲出异物,不可揉眼睛 ● 查看异物位置,可用小棉签沾出异物 ● 若异物无法移除,则用无菌纱布覆盖,立即送医 ● 若被强酸、强碱或其他化学药品溅入,则立即使用大量流动清水冲洗15—20分钟,再用无菌纱布覆盖固定,立即送医 ● 若石灰、石膏、水泥等粉末被撒入眼睛,不可马上大量清洗,应先拍去脸上的粉末方可冲洗
异物入喉（哽塞）	● 请幼儿先咳嗽以咳出异物 ● 上述步骤无效,幼儿仍无法说话但还有意识,尝试人工呼吸2次,若气吹不进去则立刻使用哈姆立克法(腹部挤压法): 1. 施救者站立或跪在幼儿后,环腰抱住幼儿

事故伤害的类型	急 救 措 施
异物入喉（哽塞）	2. 一手握拳,虎口放在肚脐与剑突中间,另一手掌盖住后,快速向上推挤腹部5下 3. 压舌提下巴,将头侧向一边,检查口中异物,若有则以食指清除,再进行2次人工呼吸,若气吹不进去,则重复拍、压、挖、吹,直到气吹得进去。若无脉搏、呼吸,则进行CPR,若有脉搏、呼吸,维持呼吸道畅通,保暖送医
流鼻血	● 采坐姿,头向前倾,手指按压鼻翼约10分钟,患者可张口呼吸 ● 口腔内若有血水,可吐出 ● 可在鼻梁处冰敷以助止血 ● 止血后,4小时内不可擤鼻子,以免凝血块脱落 ● 若无法止血,则塞入纱布卷条,手指按压鼻翼,立即送医
触电	● 立刻切断电源,或使用非导体物品让患者与电源脱离 ● 若伤者失去意识或心脏脉搏停止,则先施行心肺复术与人工呼吸 ● 立即送医
休克	● 协助患者平躺,头侧向一边,松开衣服,用薄被包裹保暖,立即送医
误食异物	● 若误吞了小型光滑且不具伤害性的物品,如硬币、小玩具时,如果无立即腹痛、呕吐、吞咽困难,则暂时无需送医,数天后观察其粪便,直到将异物排出,在异物排出之前,不可服用泻药 ● 若误吞的是尖锐而具伤害性的物品时,或是出现胸痛、腹痛、吞咽困难等,应立即送医诊治
出血及创伤	● 施救者的双手,必须先用肥皂及清水彻底洗净 ● 检查患者全身受伤的情形,将出血部位抬高并高于心脏,尤其是四肢出血 ● 伤口血液凝块不要轻易除去 ● 彻底洗净伤口,除去异物以防感染。可用温开水或冷开水洗净,用生理食盐水冲洗更好 ● 消毒、覆盖伤口,包扎固定 ● 如为出血不可搓揉,以免微血管破裂,应该使用冷敷,至于严重出血应在实施例行急救措施后尽快送医

幼儿紧急伤病处理流程

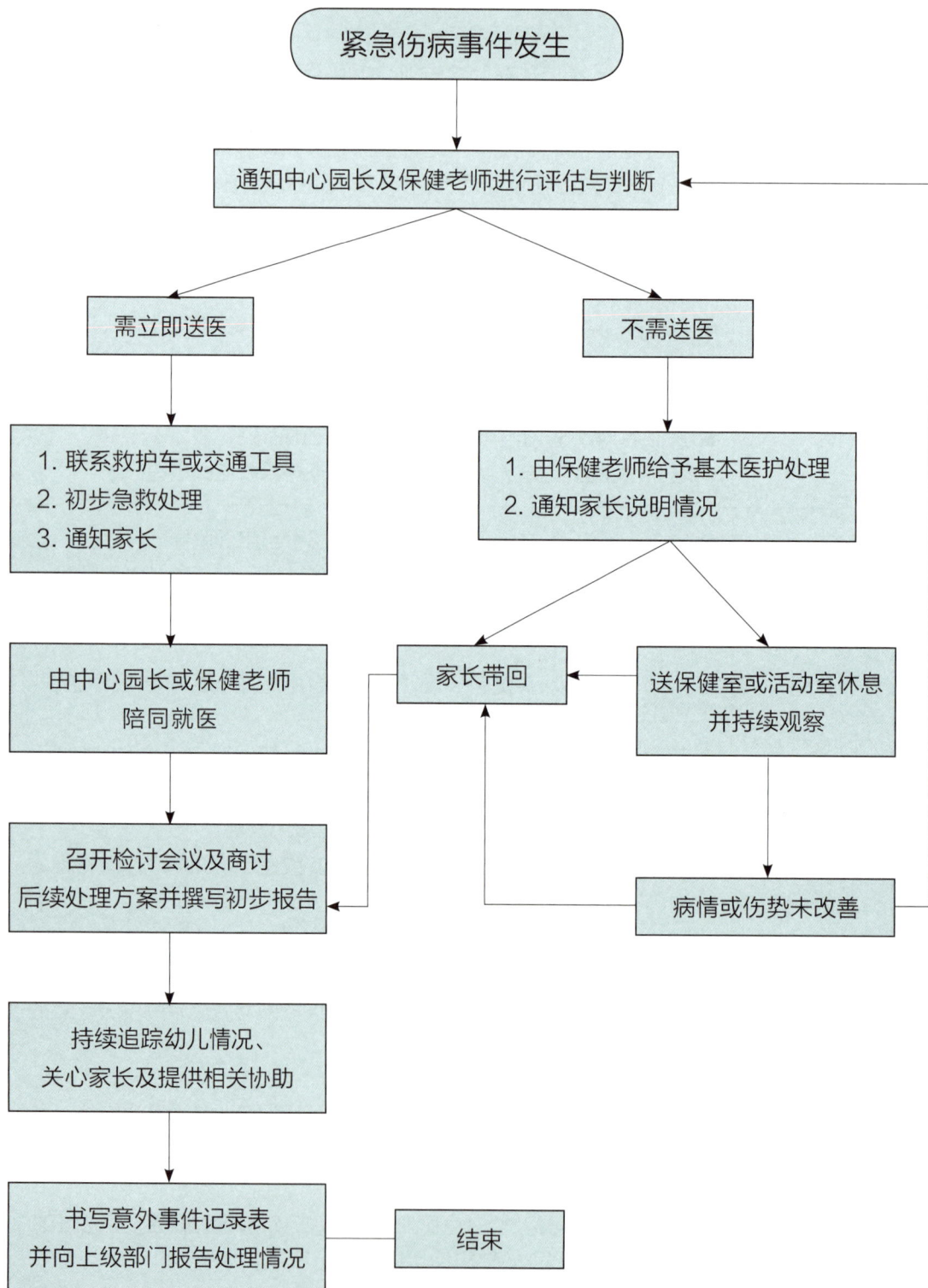

```
                    ┌─────────────────────┐
                    │   紧急伤病事件发生    │
                    └──────────┬──────────┘
                               │
                               ▼
        ┌──────────────────────────────────────────┐◄──────────────┐
        │   通知中心园长及保健老师进行评估与判断      │               │
        └───────────┬──────────────────┬───────────┘               │
                    │                  │                           │
          ┌─────────▼──────┐   ┌───────▼────────┐                  │
          │   需立即送医     │   │   不需送医      │                  │
          └─────────┬──────┘   └───────┬────────┘                  │
                    │                  │                           │
   ┌────────────────▼──────┐  ┌────────▼─────────────────┐         │
   │ 1. 联系救护车或交通工具 │  │ 1. 由保健老师给予基本医护处理│         │
   │ 2. 初步急救处理         │  │ 2. 通知家长说明情况        │         │
   │ 3. 通知家长             │  └──────┬──────────┬────────┘         │
   └────────────────┬──────┘         │          │                  │
                    │          ┌─────▼────┐  ┌──▼──────────────┐    │
   ┌────────────────▼──────┐   │ 家长带回  │◄─│ 送保健室或活动室休息│    │
   │ 由中心园长或保健老师    │   └─────▲────┘  │   并持续观察      │    │
   │     陪同就医           │         │       └────────┬────────┘    │
   └────────────────┬──────┘         │                │             │
                    │                │       ┌────────▼────────┐    │
   ┌────────────────▼──────┐         │       │  病情或伤势未改善 │────┘
   │  召开检讨会议及商讨     │◄────────┴───────┘
   │ 后续处理方案并撰写初步报告│
   └────────────────┬──────┘
                    │
   ┌────────────────▼──────┐
   │  持续追踪幼儿情况、     │
   │ 关心家长及提供相关协助   │
   └────────────────┬──────┘
                    │
   ┌────────────────▼──────┐        ┌──────────┐
   │  书写意外事件记录表     │────────│   结束    │
   │ 并向上级部门报告处理情况  │        └──────────┘
   └───────────────────────┘
```

幼儿事故伤害记录通报表

日期：_____年____月____日

幼儿姓名		年龄		班级	班	班级教师	

事故发生时间：　　　年　　　月　　　日 □上午 □下午　　　时　　　分

事故发生地点	

事故发生实况：

受伤情形：
□撞伤 □割伤 □跌伤 □刺伤 □扭伤
□咬伤 □抓伤 □夹伤 □脱臼 □骨折
□用药异状 □头部撞击 □休克 □中毒
□异物入○鼻 ○眼 ○耳 ○喉
□触电 □烫伤 □其他：

受伤部位：
□头部 □脸部 □眼部 □鼻部 □口部
□耳部 □背部 □腹部 □手部 □胸部
□腕部 □手指 □小腿 □大腿 □膝部
□足踝 □肘部 □其他

事故类属：
□自己故意 □自己意外
□他人故意 □他人意外
□其他_____

处理情形：
□未做处理 □机构人员自行处理
□送医处理 □其他

送医：
送医记录：　　　　　　　医院（诊所）
□ 急诊后出院
□ 急诊后住院_____天
□ 其他_____

通知家长时间及家长反应：

紧急措施：

急救者：

送医者：

通知相关人员者：

联络家长者：

其他：

后续追踪：

负责人：　　　　　　　　　　　　填表人：

传染病疫情报告制度

为了及时有效遏制传染病的发生和蔓延，保障师生的身体健康和生命安全，根据《传染病防治法》和《学校和托幼机构传染病疫情报告工作规范》的要求，特制定本托育中心传染病疫情报告制度。

▲▲▲ 托育中心疫情报告人的设置

设置中心责任疫情报告人职位，中心其他教职员工、婴幼儿发现传染病疫情均有义务向责任疫情报告人和园长提供情况。

▲▲▲ 责任疫情报告人职责

1. 在中心园长的领导下，具体负责本单位传染病疫情和疑似传染病疫情等突发公共卫生事件报告工作。

2. 定期对中心全体婴幼儿的出勤、健康情况进行巡查。

3. 负责指导中心全体婴幼儿的晨检工作。

▲▲▲ 疫情报告内容及时限

1. 在同一班级，1天内有3例或者连续3天内有多个幼儿(5例以上)患病，并有相似症状(如发热、皮疹、腹泻、呕吐、黄疸等)或者有共同用餐、饮水史时，园疫情报告人应当在24小时内报出相关信息。

2. 当中心发现传染病或疑似传染病病人时，疫情报告人应当立即报出相关信息。

3. 个别婴幼儿出现不明原因的高热、呼吸急促或剧烈呕吐、腹泻等症状时，疫情报告人应当在24小时内报出相关信息。

4. 发生群体性不明原因疾病或者其他突发公共卫生事件时，疫情报告人应当在24小时内报出相关信息。

▲▲▲ 报告方式

当出现符合本制度规定的报告情况时，疫情报告人应当以最方便的通讯方式向主管部门和疾控部门报告。

▲▲▲ 中心疫情监测报告制度

中心建立婴幼儿晨检、因病缺勤病因追查与登记制度。教师发现婴幼儿有传染病早期症状、疑似传染病病人以及因病缺勤等情况时，应及时报告给疫情报告人。疫情报告人应及时进行排查，并记录排查情况。

1. 晨检应由保健教师对早晨到中心的每位幼儿进行观察、询问，了解婴幼儿出勤、健康状况，并将晨检结果记录在晨间检查记录表上。如发现婴幼儿有传染病早期症状(如发热、皮疹、腹泻、黄疸等)以及疑似传染病病人时，应当及时告知疫情报告人，疫情报告人要进行进一步排查,以确保做到对传染病病人的早发现、早报告。

2. 班主任及配班老师应当密切关注本班婴幼儿的出勤情况,对于因病缺勤的婴幼儿,应当了解其患病情况和可能的病因,如有怀疑,要及时报告给疫情报告人。疫情报告人接到报告后应及时追查婴幼儿的患病情况和可能的病因,以做到对传染病病人的早发现。

▲▲▲ 报告处置流程简表

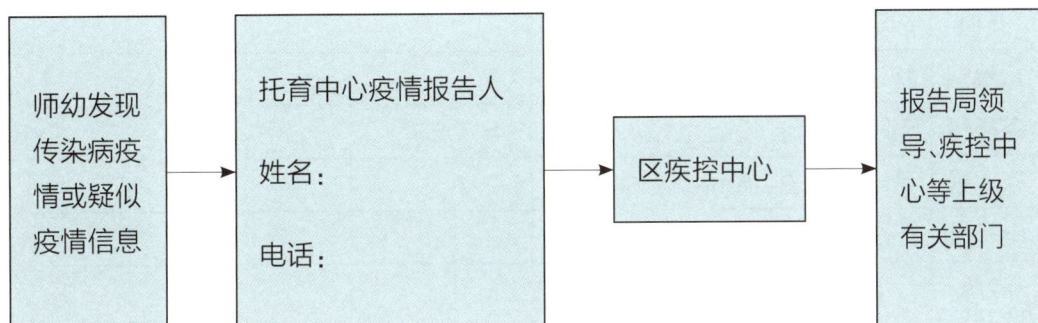

师幼发现传染病疫情或疑似疫情信息	→	托育中心疫情报告人 姓名: 电话:	→	区疾控中心	→	报告局领导、疾控中心等上级有关部门

（二）卫生类

卫生检查周表

检查时间_____年_____月_____日   检查人：_____

内容	评 分 标 准	总分	爬爬班	学步班	幼幼1班	幼幼2班
门窗	清洁明亮、无浮灰、纱窗无灰尘	10				
地面	清洁干爽、无灰尘杂物	10				
桌椅	清洁、无油腻灰尘	10				
玩具柜	整洁、不零乱、无灰尘	5				
茶杯箱	无灰尘、清洁、标记清楚	5				
茶水桶	清洁、无灰尘、无锈漆	2				
电视机	无灰尘、电源安全	2				
电扇空调	无灰尘、电源安全	2				
班级	无教师用品	5				
幼儿床	清洁、整齐、无灰尘	2				
窗帘	清洁、定期清洗	2				
便池	无异味、无黄垢、安全、便池通畅	5				
卫生间地面	干燥防滑、清洁平整	5				
拖把	有干湿拖把、清洁、无异味	5				
洗手池	清洁无异味、排水通畅、无黄垢	2				
水龙头	清洁、无黄垢	2				
消毒柜	无黄垢、无积水、清洁	2				
抹布	抹布清洁无油腻	2				
餐巾	清洁、无污垢、每餐清洗消毒	5				
擦手巾	清洁、无污垢、每天清洗消毒	5				
水杯	清洁、无垢	2				
包干区	清洁、无灰尘、不零乱	5				
工作台	清洁、整齐、不零乱	5				
总分		100				
需反馈的问题：						

班级消毒检查表

_____年_____月

日　期	桌面清洁	物体表面	杯具保温桶	擦嘴擦手毛巾	玩具图书	空气消毒	厕所便池	床架被褥	垃圾清除	检查人
___月___日										
___月___日										
___月___日										
___月___日										
___月___日										
___月___日										
___月___日										
___月___日										
___月___日										
___月___日										
___月___日										
___月___日										
___月___日										
___月___日										
___月___日										
___月___日										
___月___日										

备注：1. 物体表面包括：地面（活动室、卧室、厕所），桌椅，茶杯架，保温桶表面，柜子，桌边，床边，楼梯扶手，墙面。

　　　2. 传染病流行季节或者呼吸道感染儿童多时空气紫外线消毒，物体表面用次氯酸钠（配比例：看说明）消毒。

园长签字：

班级消毒记录填写要求

空气消毒：开窗通风每天2次，至少20分钟。紫外线消毒每周一次，每次1小时。

物体表面：每天一次15—20分钟。

茶杯：每天2次，每次30分钟，定时断电。

擦嘴毛巾：厨房蒸煮不用记录。

桌面：每顿饭前10—15分钟（清消清）。

擦手毛巾：每天一次，有阳光时暴晒6小时，阴雨天次氯酸钠浸泡半小时。

厕所：每天2次，每次20分钟。

保温桶：开水烫，每天2次每次5分钟，次氯酸钠每周一次，每次30分钟。

玩具：每周一次日晒或者次氯酸钠浸泡30分钟。

图书：每周一次日晒或次氯酸钠擦拭表面。

床架：每天一次，每次15分钟。

备注：流行病传染期间1. 当环境表面有小范围 < 10 mL 的血液或体液，取适量消毒剂用500 pm（1：100）的漂白水配剂。2. 当环境表面有大范围 > 10 mL 的血液或体液，要调整消毒剂用量或浓度，以500 pm（1：100）的漂白水配剂。

次氯酸钠溶液配比按84消毒液原装瓶上提示的标准配比，如果瓶上没有说明，按1：100配制。

班级消毒记录表

年___月___ 班级:___

科目	消毒方法	时间	第一周	负责人	检查人	第二周	负责人	检查人	第三周	负责人	检查人	第四周	负责人	检查人	第五周	负责人	检查人
餐具	消毒柜消毒	12:00															
擦脸毛巾	太阳暴晒	12:30															
	蒸汽消毒	12:30															
口杯	消毒柜消毒	8:00															
		12:00															
桌子	消毒液湿抹二清一消 1:100	早点															
		午餐															
		午点															
保温桶	湿抹	7:45															
用品	紫外线消毒	流行病季节每日一次															
空气	开窗通风 紫外线消毒	流行病季节每日一次															
玩具	消毒液浸泡 1:200	流行病季节每周一次															
马桶		每周一次															
厕所/地面	消毒液清洗	8:00															

饮水设备消毒记录表

日　期	消毒方法	消毒时间	执行人
	将84消毒液按照说明书进行配比后用于擦拭饮水设备的外部以及水龙头		

厨房消毒记录表

日期_____年___月___日一___月___日　　第___周　　记录人_____

消毒项目	消毒方法		消毒时间				
			星期一	星期二	星期三	星期四	星期五
地面、台面、门窗	清水 2次次氯酸钠						
水壶消毒	消毒柜或 蒸饭箱						
炊具	消毒柜或 蒸饭箱						
食具	消毒柜或 蒸饭箱						
擦嘴毛巾	蒸 煮						
食物存放间	紫外线消毒灯	早点					
		午餐					
		午点					
刀具、菜板	蒸饭箱或 消毒柜						
下午 地面清洁	清水 2次次氯酸钠						
库房	开窗通风						
库房（每周 五消毒）	清水 2次次氯酸钠		/	/	/	/	

备注：水壶、炊具、食具、刀具、菜板未消毒存放时间不得超过6小时。

保健室消毒记录表

____年____月____日至____年____月____日

消毒物品	消毒方法	消毒时间					消毒人签字
		星期一	星期二	星期三	星期四	星期五	
门窗地面	84消毒液擦拭（每周一次）						
橱柜桌椅	84消毒液擦拭（每周一次）						
器械	84消毒液擦拭（每周一次）						
观察床、晨检车	84消毒液擦拭（每周一次）						

紫外线灯消毒登记表

紫外线灯规格：_____ W　　　　开始使用时间：_____ 年 _____ 月 _____ 日

消毒日期	消毒地点	使用灯管数量	消毒面积	起始时间	终止时间	累计消毒时间	灯管擦拭情况（每周记录）	责任人	
								消毒人	监督人

调理区标准作业流程

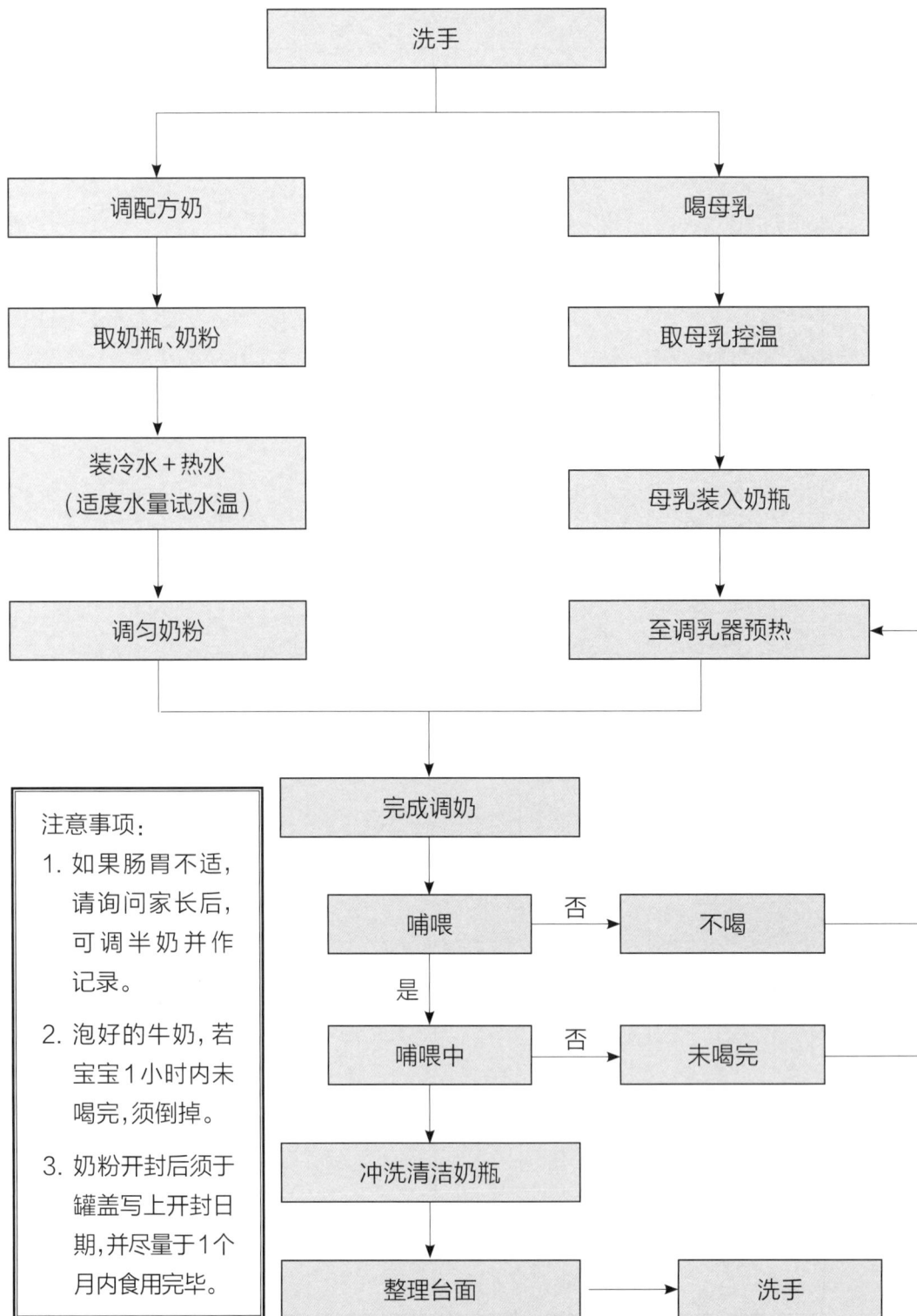

```
                          ┌──────────────┐
                          │     洗手      │
                          └──────┬───────┘
              ┌──────────────────┴──────────────────┐
              ▼                                      ▼
      ┌──────────────┐                      ┌──────────────┐
      │   调配方奶    │                      │    喝母乳     │
      └──────┬───────┘                      └──────┬───────┘
             ▼                                     ▼
      ┌──────────────┐                      ┌──────────────┐
      │  取奶瓶、奶粉  │                      │   取母乳控温   │
      └──────┬───────┘                      └──────┬───────┘
             ▼                                     ▼
   ┌──────────────────┐                    ┌──────────────┐
   │   装冷水 + 热水    │                    │  母乳装入奶瓶   │
   │  (适度水量试水温)  │                    └──────┬───────┘
   └────────┬─────────┘                           ▼
            ▼                             ┌──────────────┐
      ┌──────────────┐                    │  至调乳器预热   │◀──┐
      │   调匀奶粉    │                     └──────┬───────┘   │
      └──────┬───────┘                           │            │
             └───────────────┬──────────────────┘            │
                             ▼                                │
                      ┌──────────────┐                        │
                      │   完成调奶    │                        │
                      └──────┬───────┘                        │
                             ▼              否                 │
                      ┌──────────┐    ┌──────────────┐         │
                      │   哺喂    │───▶│    不喝       │─────────┤
                      └────┬─────┘    └──────────────┘         │
                         是 │                                   │
                             ▼              否                 │
                      ┌──────────┐    ┌──────────────┐         │
                      │   哺喂中  │───▶│    未喝完     │─────────┘
                      └────┬─────┘    └──────────────┘
                           ▼
                    ┌──────────────┐
                    │  冲洗清洁奶瓶  │
                    └──────┬───────┘
                           ▼
                    ┌──────────────┐     ┌──────────────┐
                    │   整理台面    │────▶│     洗手      │
                    └──────────────┘     └──────────────┘
```

注意事项:

1. 如果肠胃不适,请询问家长后,可调半奶并作记录。

2. 泡好的牛奶,若宝宝1小时内未喝完,须倒掉。

3. 奶粉开封后须于罐盖写上开封日期,并尽量于1个月内食用完毕。

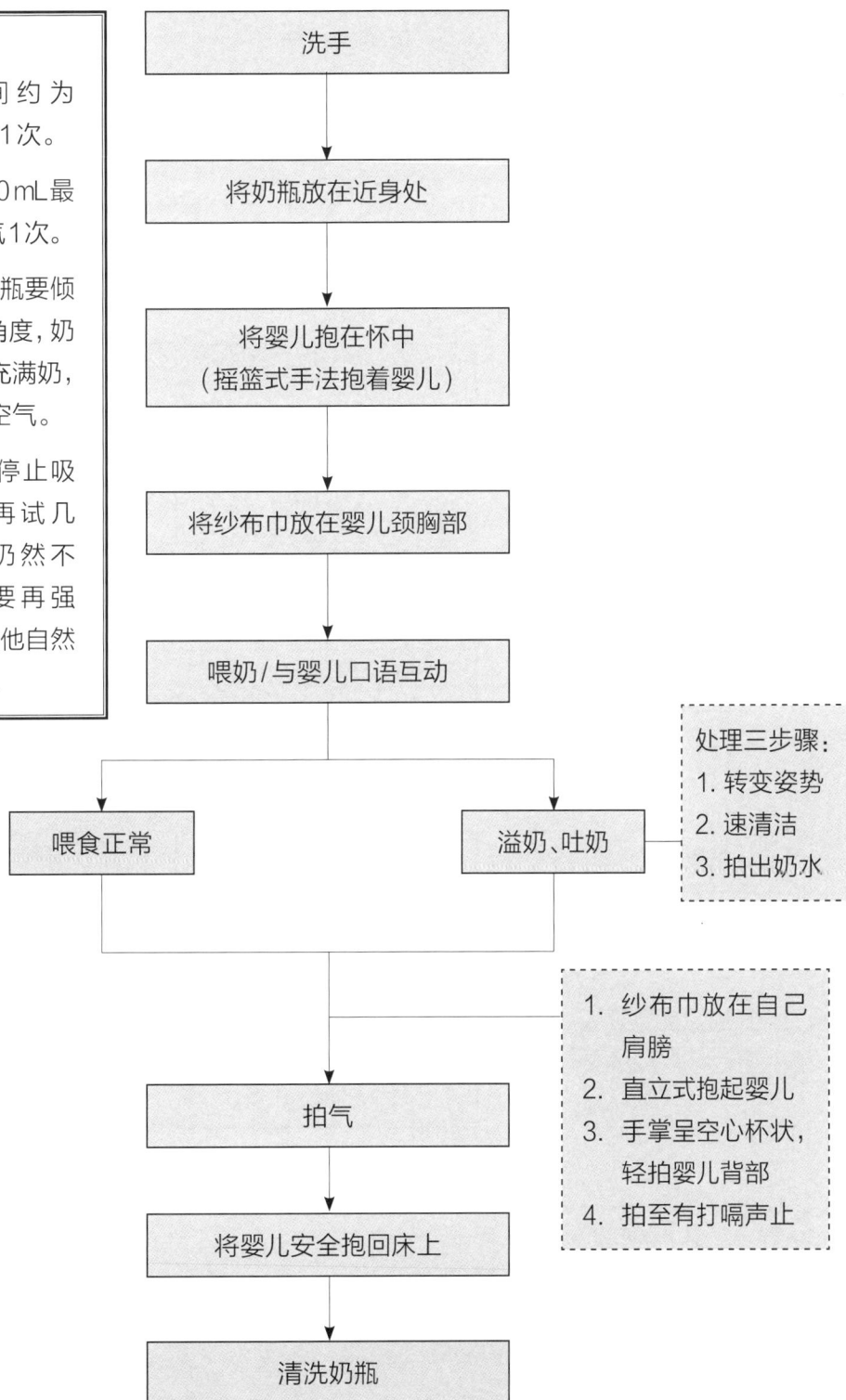

喂奶标准作业流程

注意事项:

1. 喂食时间约为3—4小时1次。

2. 喂食30—40 mL最好拍背排气1次。

3. 喂食时,奶瓶要倾斜45°的角度,奶嘴部分要充满奶,避免吸入空气。

4. 如果婴儿停止吸吮,可以再试几次,假如仍然不吃,就不要再强喂,下一次他自然会多吃的。

```
洗手
  ↓
将奶瓶放在近身处
  ↓
将婴儿抱在怀中
(摇篮式手法抱着婴儿)
  ↓
将纱布巾放在婴儿颈胸部
  ↓
喂奶/与婴儿口语互动
  ↓
```

喂食正常 ← → 溢奶、吐奶

处理三步骤:
1. 转变姿势
2. 速清洁
3. 拍出奶水

```
  ↓
拍气
  ↓
将婴儿安全抱回床上
  ↓
清洗奶瓶
```

1. 纱布巾放在自己肩膀
2. 直立式抱起婴儿
3. 手掌呈空心杯状,轻拍婴儿背部
4. 拍至有打嗝声止

幼儿用餐标准作业流程

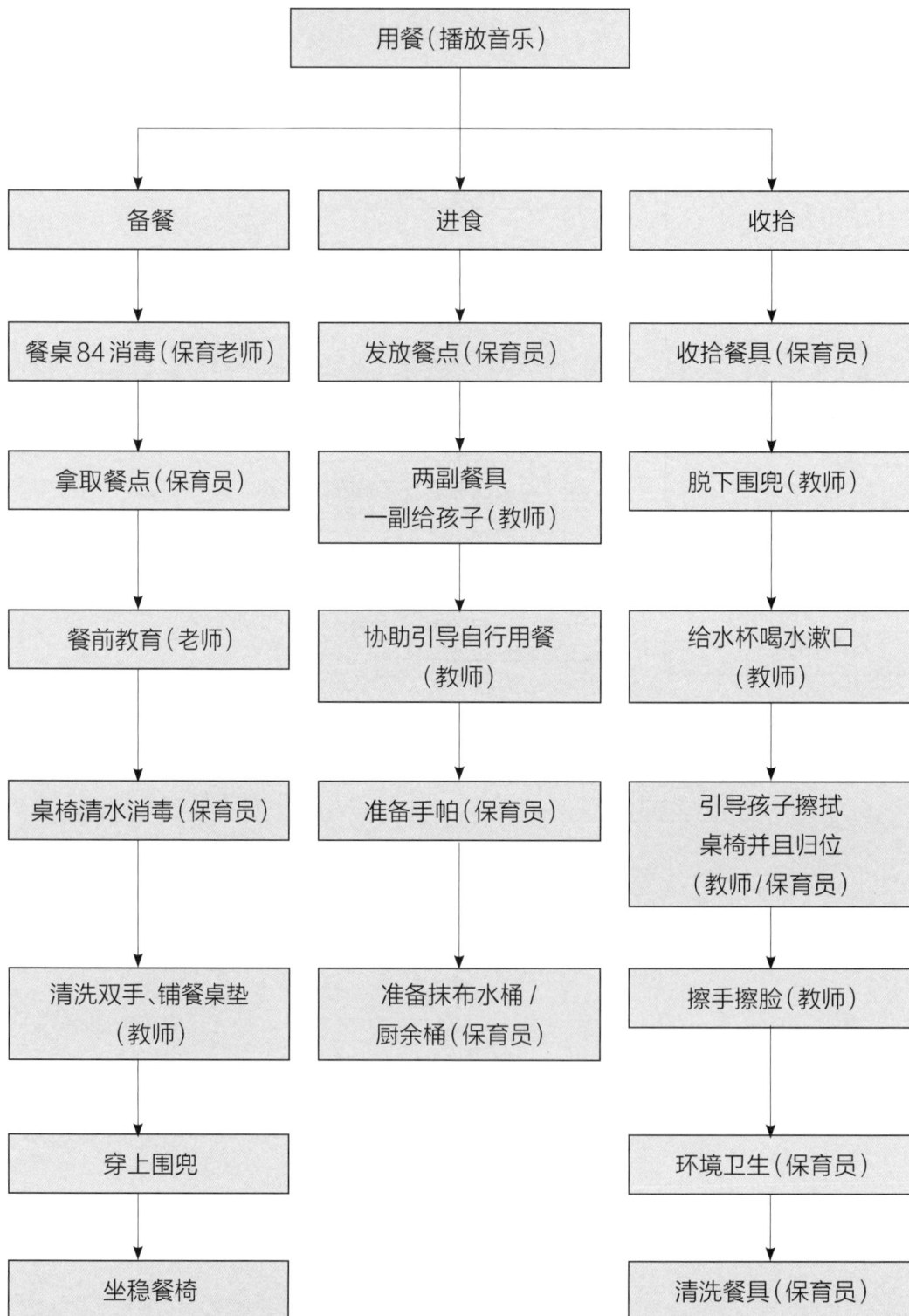

用餐（播放音乐）

备餐	进食	收拾
餐桌84消毒（保育老师）	发放餐点（保育员）	收拾餐具（保育员）
拿取餐点（保育员）	两副餐具 一副给孩子（教师）	脱下围兜（教师）
餐前教育（老师）	协助引导自行用餐 （教师）	给水杯喝水漱口 （教师）
桌椅清水消毒（保育员）	准备手帕（保育员）	引导孩子擦拭 桌椅并且归位 （教师/保育员）
清洗双手、铺餐桌垫 （教师）	准备抹布水桶/ 厨余桶（保育员）	擦手擦脸（教师）
穿上围兜		环境卫生（保育员）
坐稳餐椅		清洗餐具（保育员）

换尿布操作流程（1岁前）

1. 将需要的东西准备好
2. 请勿让视线（注意力）离开换尿布的台子

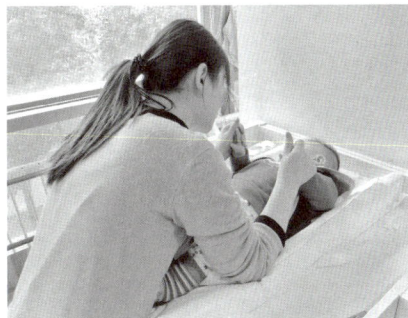

协助孩子上换尿布的台子

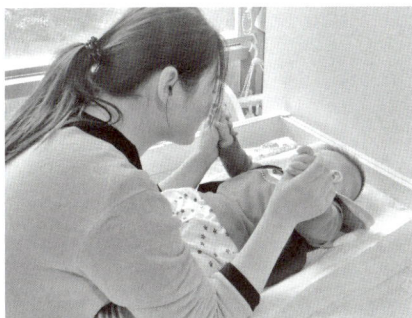

先和孩子沟通，告诉孩子将要做什么，并且注意孩子的意愿（反应），如果意愿不高，那么请稍待一会儿，再行沟通

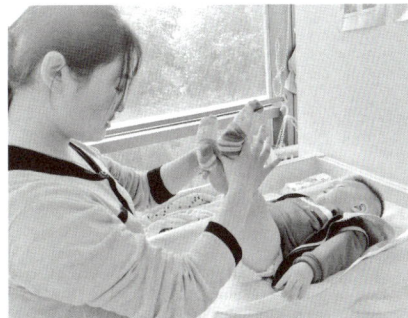

换掉脏的（有便）尿布。告诉孩子"这个尿布湿了，我们要换一片新的"。避免用不雅的字汇（例如：你好脏、好臭），传达给孩子一些较平静、温馨，令孩子能接受的语气及态度

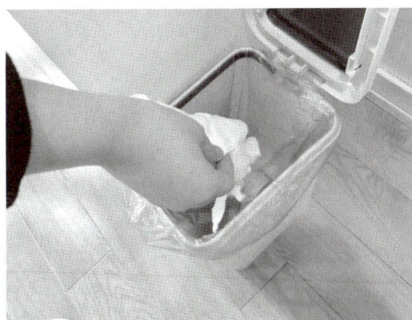

把有便的尿布放进一个抛弃式的袋子中

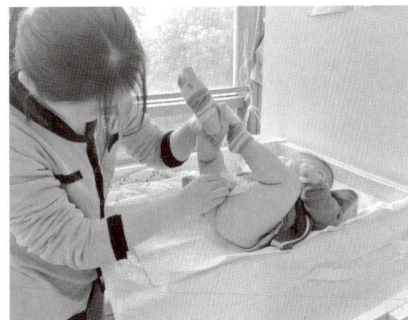

用湿纸巾替孩子清洁、避免用有香味的，并确定女宝宝要由前面向后面擦拭

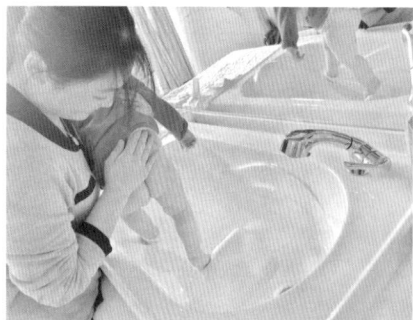

轻轻抱起孩子至澡盆，用温水沾湿婴儿专用泡泡露，清洗孩子屁股和双脚

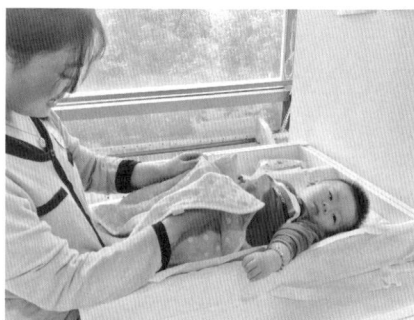

冲洗干净再轻轻抱起婴儿，再用婴儿个人专用浴巾擦干

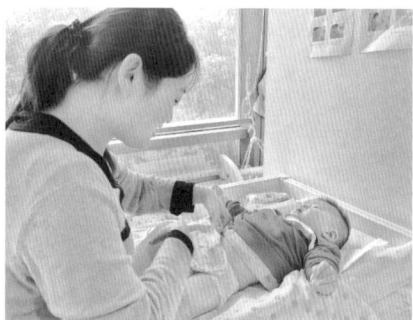

换上新的尿布并固定，告诉孩子正在进行的事

帮助孩子下换尿布的台子，并在水龙头下清洗孩子的手

清洁换尿布的区域

洗手，接着做应进行的工作

如厕（换尿布）操作流程（1岁后）

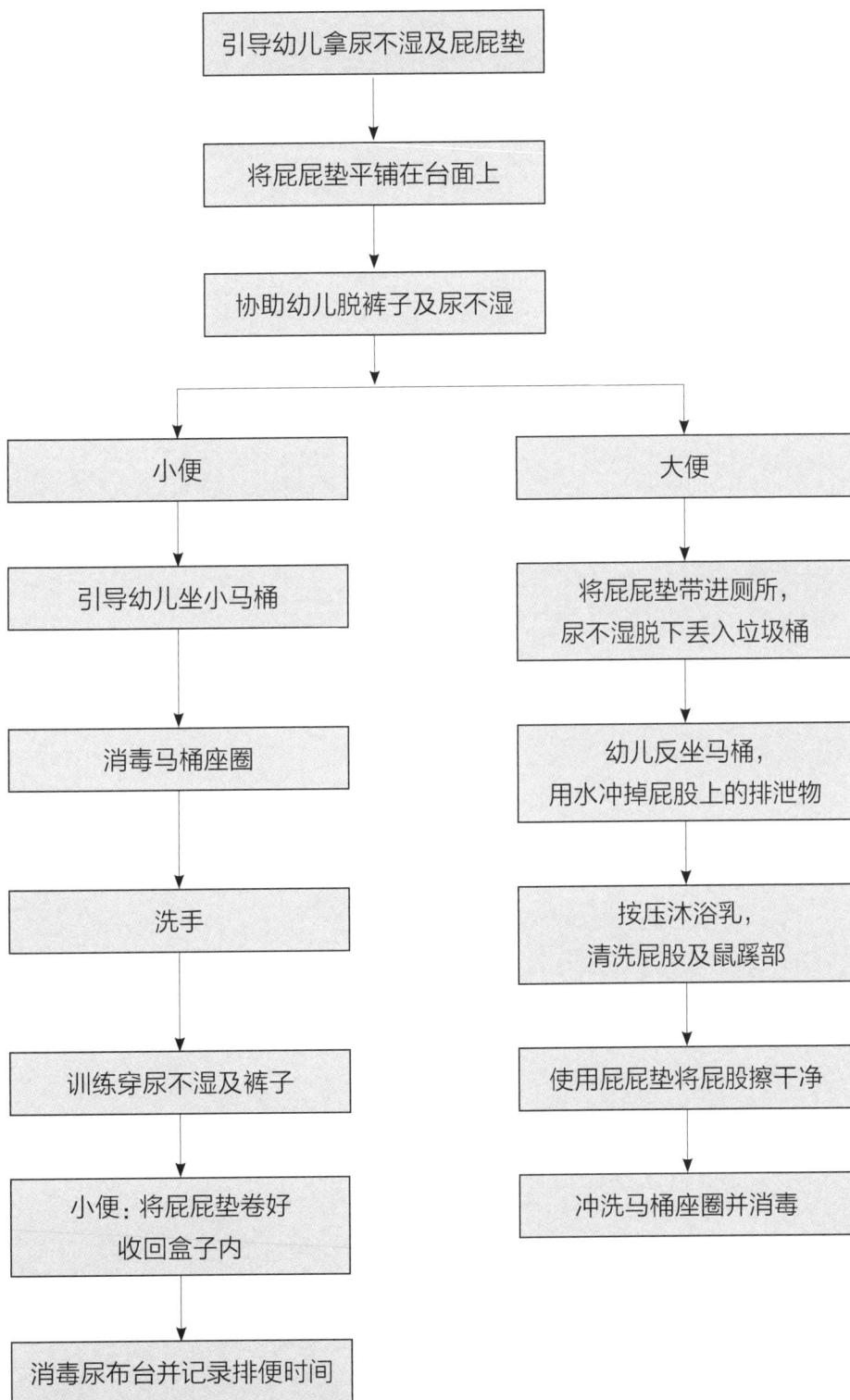

引导幼儿拿尿不湿及屁屁垫

↓

将屁屁垫平铺在台面上

↓

协助幼儿脱裤子及尿不湿

↓

小便

↓

引导幼儿坐小马桶

↓

消毒马桶座圈

↓

洗手

↓

训练穿尿不湿及裤子

↓

小便：将屁屁垫卷好
收回盒子内

↓

消毒尿布台并记录排便时间

大便

↓

将屁屁垫带进厕所，
尿不湿脱下丢入垃圾桶

↓

幼儿反坐马桶，
用水冲掉屁股上的排泄物

↓

按压沐浴乳，
清洗屁股及鼠蹊部

↓

使用屁屁垫将屁股擦干净

↓

冲洗马桶座圈并消毒

02

行政常用表单列表

▶ • 行政类
  • 人事类

（一）行政类

行事历（范例）

月份	行 政	教保/亲职	卫生保健	总 务
1月	* 行政、教保会议 * 内部主管会议 * 每月10日缴交工作事项 * 每月的主管视频会议	* 教保计划及评量 * 幼儿如厕训练	* 量身高体重头围 * 发卫教倡导单张 * 预防接种/健康检查通知及记录 * 每周五带回寝具清洗	* 图书清点整理 * 财产设备查核 * 环境消毒整理 * 水质检测 * 现金流报表（10日前） * 收退托概况（月底前） * 薪资计算明细（5日前） * 各项付款请款
2月	* 行政、教保会议 * 内部主管会议 * 每月10日缴交工作事项 * 每月的主管视频会议	* 教保计划及评量 * 幼儿如厕训练 * 中心活动：欢欢喜喜闹元宵	* 量身高体重头围 * 发卫教倡导单张 * 预防接种/健康检查通知及记录 * 每周五带回寝具清洗	* 图书清点整理 * 财产设备查核 * 环境消毒整理 * 现金流报表（10日前） * 收退托概况（月底前） * 薪资计算明细（5日前） * 各项付款请款 * 活动经费汇整
3月	* 行政、教保会议 * 内部主管会议 * 每月10日缴交工作事项 * 每月的主管视频会议	* 教保计划及评量 * 幼儿如厕训练 * 中心活动：三八妇女节	* 量身高体重头围 * 发卫教倡导单张 * 预防接种/健康检查通知及记录	* 图书清点整理 * 财产设备查核 * 环境消毒整理 * 现金流报表（10日前） * 收退托概况（月底前） * 薪资计算明细（5日前） * 各项付款请款 * 活动经费汇整

月份	行　政	教保/亲职	卫生保健	总　务
4月	＊行政、教保会议 ＊内部主管会议 ＊每月10日缴交工作事项 ＊每月的主管视频会议 ＊4月5日清明节放假	＊教保计划及评量 ＊幼儿如厕训练 ＊中心活动：春游	＊量身高体重头围 ＊发卫教倡导单张 ＊预防接种/健康检查通知及记录 ＊每周五带回寝具清洗 ＊发展筛检活动	＊图书清点整理 ＊财产设备查核 ＊环境消毒整理 ＊现金流报表(10日前) ＊收退托概况(月底前) ＊薪资计算明细(5日前) ＊各项付款请款 ＊活动经费汇整
5月	＊行政、教保会议 ＊内部主管会议 ＊每月10日缴交工作事项 ＊每月的主管视频会议 ＊5月1日五一劳动节放假	＊教保计划及评量 ＊中心活动：参观消防大队	＊量身高体重头围 ＊发卫教倡导单张 ＊预防接种/健康检查通知及记录 ＊每周五带回寝具清洗	＊图书清点整理 ＊财产设备查核 ＊环境消毒整理 ＊水质检测 ＊消防检修申报 ＊现金流报表(10日前) ＊收退托概况(月底前) ＊薪资计算明细(5日前) ＊各项付款请款
6月	＊行政、教保会议 ＊内部主管会议 ＊每月10日缴交工作事项 ＊每月的主管视频会议 ＊6月7日端午节放假	＊教保计划及评量 ＊中心活动：端午节包粽子活动 ＊幼幼班毕业典礼	＊量身高体重头围 ＊发卫教倡导单张 ＊预防接种/健康检查通知及记录 ＊每周五带回寝具清洗 ＊幼儿牙齿涂氟	＊图书清点整理 ＊财产设备查核 ＊现金流报表(10日前) ＊收退托概况(月底前) ＊薪资计算明细(5日前) ＊各项付款请款 ＊活动经费汇整

月工作计划总结表

类别	工 作 计 划	工 作 小 结
行政管理（含财务、人事）		
保健管理		
业务教学		
后勤管理		

工 作 日 志

日期：	星期：	天气：	第_____周

记 事	
教 师 出 勤	

前台月度考核表

_____月

被考核人 姓名			考核日期	
考核项目	考 核 指 标		指标金额 （元）	考核 金额
亲子部	每周一统计上周亲子课时（扣课时）		50	
	周四、周五发送上课短信（提供记录）			
	周六、周日做好会员的辅助接待工作			
	月末统计亲子教师的课时			
日托部	准备好一周宝宝接送表、晨检表		50	
	日托教室的消毒记录表打印张贴及存档			
	每周一统计上周日托会员课时，做好记录			
	日托食谱的打印及上传群共享			
	晨检配合及9点半以后的独立晨检			
	周一、周四、周五的大门上锁及中午午休期间的电源关闭			
行政	总部及门店的相关文件、通知张贴及确认，收存		100	
	门店维修工作的上报跟进及落实			
	门店各部门用电监督，表格张贴及收存			
	图书管理借阅、保管、整理			
	公共平台板块工作的跟进及维护			
	员工、会员的生日祝福信息发送			
	营业收入的保管			
	每月2号前向人事提供上个月所有人员的考勤			
卫生监督	按照中心卫生要求，对所有区域的卫生工作进行监督考核			
报表类	周营业报表的发送			
其他提成	如：全中心定出营销目标完成的个人奖金			
被考核人 签名			考核金额 合计（元）	
部门主管				
人事部				
中心园长				

亲子部考核表

_____月

姓名		部门		职务	
考核项目	考 核 指 标		指标金额（元）	评价等级	金额
服务档案	A. 新生报名表, 存档, 各班级服务档案按标准完成（短信, 电话按标准）		100		
	B. 按班级人数计算, 完成率80%以上		50		
	C. 按班级人数计算, 完成率80%以下		0		
客户满意度	A. 1. 每月主题活动按时成功完成, 提供家长签到表; 2. 月平均到课率不低于70%, 提供家长签到表; 3. 能够做到每周完成每班一个家长的家长沟通工作并有家长沟通记录, 结合专业知识学习记录共同考核		100		
	B. 1. 每月主题活动按时成功完成, 提供家长签到表; 2. 月平均到课率不低于60%, 提供家长签到表; 3. 能够做到每周完成每班一个家长的家长沟通并有家长沟通记录, 结合专业知识学习记录共同考核（见面没做好沟通的用打电话形式补充的）		50		
	C. 未满足B类要求者		0		
教学质量	A. 备课记录、过课记录完整		100		
	B. 备课记录、过课记录按班级计算80%以上		50		
	C. 备课记录、过课记录按班级计算低于80%		0		
课时费	2—8人/节课, 超过8人, _____元/人		30元/节		
报课提成	试听现场缴费		学费的1%		
续费提成	当班教师的学生续费成功		续费的1%		
其他提成	如: 全中心定出营销目标完成的个人奖金				
被考核人签字		考核日期		考核奖金合计	
亲子部负责人		顾问签字			
人事部					
中心园长					

教职工考核表（范例）

考核日期：＿＿＿＿＿年＿＿＿＿月＿＿＿＿日

姓名			班级		职务			到职日期				
出勤奖惩	迟到	旷工	产假	事假	病假	婚假	丧假	调休	活动出缺席		开会出缺席及早退		分数
	次	日	日	日	日	日	日	日	次	次	次	次	次
加扣	−	−		−	−				+	−	+	−	−

标准	※ 自评标准分数为0—5分，请教师自行评估各项评分内容是否有做到，并依确实度给分。 ※ 主管评分标准：「0」未做到；「1」已提醒，未做到；「2」已提醒，已做到；「3」有进步；「4」自动完成；「5」足为楷模。

项目	考 核 内 容	自评分数	主管评分	说　　明
保育照护	维护幼儿安全，以孩子安全为第一考量			
	★ 上下楼梯维护孩子安全，直至孩子进入教室			
	★ 应避免孩子受伤过于频繁（咬伤、撞伤）及老师缺位所造成孩子的受伤（跌倒）			
	依孩子作息发展而调配课程内容，并以孩子为主			
	★ 细致温柔地关心照顾每位孩子，行为举止及话语声调轻柔而慢			
	尊重每位孩子的学习及尊重孩子，视孩子为一个"人"			
	★ 不让孩子单独留在教室或无人看顾的地方			
	放慢脚步，耐心等待孩子，不催促孩子赶快完成应做的事情			
敬业精神	不批评揭露幼儿的家庭隐私			
	★ 主动积极参与学校各项活动			
	交代事项确实执行并按时完成及缴交			
	主动协助帮忙各项事务。			
	★ 细心、耐心、爱心、温柔、真诚对待每位孩子			
	★ 工作时间专注在孩子身上，不使用手机上网（手机使用守则）			
	★ 轮值班确实做好该做本职工作及确实执行早晚班工作事项（定点看顾及早晚值班工作执行）			
	★ 开关门及走路皆能轻声，不影响孩子活动或休息氛围			
	★ 利用中午时间与其他老师讨论事情，会先完成该班及自身工作。讨论时应轻声细语，不影响其他同仁及孩子			

项目	考 核 内 容	自评分数	主管评分	说　明
专业能力	工作有计划、能力求精进、工作事半功倍			
	了解孩子各年龄层的发展特点并给予适当的引导			
	掌握规划设计教学课程及教室环境规划的能力			
	尊重孩子的个体发展和个体差异及尊重孩子的创意思维			
	★随时协助解决孩子的需求,并倾听、回答孩子的问题			
	观察每位孩子的行为目的,不妄自给孩子的行为下定论			
	★维护教具并随时补充教材提供孩子使用			
	检视自己缺失,并能及时改进			
工作绩效	工作效率高,具有卓越创意			
	能胜任工作,并能变通			
	事前准备工作及教室清洁(休息时间或孩子下楼后)皆能妥善完成			
	确实填写缴交教师须完成的事项,如:教师日志、电访、各类计划……			
	中心内外活动后,如期完成总结,并归档			
	★确实做好清洁工作并填写相关记录表			
园务配合	有责任心,能彻底达成任务,可以放心交付工作			
	积极参与学校各项活动及开会			
	邀约班上家长参与学校活动,该班家长参与率高			
	主班授课时,配班老师能主动参与配合协助			
团队精神	能与上下沟通、平行协调,自动自发与人合作			
	乐意与人协调沟通,顺利达成任务			
	教师请假人员不足时,主动协助帮忙			
	中心内外活动参与,完成负责事项并主动帮忙其他活动工作			
	老师间要互相效力,共同营造优质和谐的工作环境			
	★共同维护孩子安全及相互提醒做好每件事			
在职进修	完成每学期教师所需研习时数			
	主动参与各项研习活动			
	研习相关课程,如五感课程、绘本音乐课程,或相关证照进修等			
	主动研读相关书籍,让自身更精进			
	进修增进自身学历,如:专升本、进修硕士等			

项目	考 核 内 容	自评分数	主管评分	说 明
品德言行	与人说话轻声细语,不大声喧哗			
	★不互相探听或谈论薪水、奖金			
	★不批评同仁、或揭露同仁家庭隐私,相互尊重			
	★动作行为举止轻柔优雅、坐姿端庄			
	语言表达清晰明了			
	与孩子说话蹲下平视			
	服装仪容整齐,端庄时宜,淡妆为宜			
	★调整自身情绪,不将私人情绪带入教室			
家庭联络	★主动告知家长孩子在中心情况			
	主动邀约家长参与各项中心活动			
	定期(周或月)主动联络家长孩子各项状况			
	★及时回应家长各项问题			
	确实填写联络簿并记录在校状况			
出勤状况	上班不迟到早退,上下班按时打卡			
	准时参与各项活动及开会,不缺席或早退			
	请假时与其他老师确认调班(早班轮值、下午团体轮值……)			
	各项活动皆能按时参与不缺席			
	主动告知去向,让老师们知道(外出、如厕、下班……)			
	确实填写请假单及交接事项,并能确实告知同班教师			
发展潜力	具有特殊才艺(能)(请举例说明)			
	运用所学,落实在教学上			
	订定自我目标,增进专业本职(请举例说明)			
	经常自我检讨、自我控制,达成应有的专业修养			
	主动提案活动企划并规划执行			

主管签名:

注:有星号★标志的内容请必须严格考核。

会 议 记 录 表

会议 类型		会议 时间		会议 主持	
参加 人员					

托育人员工作规范

▲▲▲ 工作内容

1. 照护婴幼儿日常生活与维护安全。
2. 拟定教保计划与布置情境，并引导幼儿主动学习。
3. 引导幼儿生活自理能力的学习。
4. 记录婴幼儿每日生活学习与成长过程。
5. 制作、设计与维护教具、教学设备。
6. 维护教室内外清洁及教玩具消毒工作。
7. 实施班级亲师沟通与亲职教育。
8. 配合办理或参与中心各项活动与会议。

▲▲▲ 一日作息流程

时间	人员	工作内容	流程及表格	备注
婴幼儿入园前	值班人员	1. 安全检查——巡视中心环境安全,例如:插座防护盖是否盖好、电器用品电线是否收好不外露等	参见每日安全检查记录表	
		2. 卫生检查——例如:厕所小马桶是否已冲干净无异味、整体环境、地面是否有碎屑异物掉落等		
		3. 播放轻柔温馨的音乐,迎接婴幼儿进入中心		
	全中心教师	1. 私人物品应有专属摆放位置		
		2. 情绪调整至最佳状态		保持好心情面对婴幼儿
		3. 当日教学所需资源确认是否齐全		物品皆归位
婴幼儿入园时	值班人员	1. 接孩子时测量体温、清洁孩子的双手,检查口腔并迅速观察检视孩子的外观是否有蚊虫叮咬痕迹或受伤,如有异样马上与接送的家长了解原因	参见入中心晨检流程图	若婴幼儿发热达37.5℃以上,须请家长带回家休息

时间	人员	工 作 内 容	流程及表格	备　注
婴幼儿入班时	值班人员	2. 与家长沟通婴幼儿的保健事宜,如:前一餐喝奶时间、今日是否须服药等,并将家长交代的事记下来	幼儿晨间身体检查记录表(台账)	值班老师务必将家长交代事项,主动告知班上老师
	各班教师	1. 确认班级事前准备工作皆已完成 教师:上课前教具准备好 保育员:消毒毛巾、桌子、水杯、洗手间、教室玩具	参见教师工作流程表 参见班级消毒记录表 参见紫外线灯记录表	
		2. 引导协助婴幼儿整理书包或老师整理婴幼儿书包		请引导1岁以上幼儿整理书包并将物品归位
		3. 检查托育日志以了解家长交代事项		家长于托育日志上交待的事,每个老师都必须知晓
		4. 饮食安排:依孩子个别进食情况需求给予适当安排(点心)	参见调理区标准作业流程图 参见喂奶标准作业流程图 参见用餐区标准作业流程图	● 请协助1岁以上幼儿自行用餐 ● 请协助2岁以上幼儿自行备餐
		5. 换尿布时顺便检视孩子全身,如身体有异常须马上电话联系家长了解原因	参见换尿布操作标准流程(1岁前) 参见如厕(换尿布)标准流程图(1岁后)	请协助1岁以上幼儿自行坐于学裤台穿脱尿布
		6. 婴幼儿活动:依各班作息表进行适龄发展活动(集体教学)		
		7. 观察、引导婴幼儿自主性活动(自由工作)观察、记录		

时间	人员	工 作 内 容	流程及表格	备 注
婴幼儿入班时	各班教师	8. 维护婴幼儿活动安全		教师须随时留意婴幼儿活动的安全
		9. 关心及追踪未出席的婴幼儿	幼儿考勤表	
午休时间	各班教师	1. 安抚婴幼儿入睡	午休照护标准作业流程图 睡眠安全记录表(午睡巡查表)	播放睡眠轻音乐
		2. 轮流巡视看护婴幼儿午睡状况		请勿让1岁以内婴幼儿趴睡
		3. 撰写托育日志	托育日志	针对家长询问问题务必要回应, 每位老师均要看过且签名
		4. 清洁园内卫生		
		5. 回顾上午的教保活动,以作为明日活动的调整与反思	集体活动—教学反思	
		6. 整理早上的活动照片或影片		
		7. 填写每日健康表	每日健康状况记录表	
午休结束后	各班教师	1. 播放音乐让婴幼儿在愉快的气氛中起床,起床后进行律动舒展一下		
		2. 收拾、礼仪活动:整理寝具、服装仪容、婴幼儿情绪调整		协助婴幼儿梳绑头发
		3. 更换尿布或协助幼儿进行如厕浴室安排:协助1岁以内幼儿洗澡	如厕换尿布流程同上	请协助1岁以上幼儿自行坐于学裤台穿脱尿裤
		4. 下午饮食安排:依孩子个别进食需求给予适当安排	调理区标准作业流程图 喂奶标准作业流程图 用餐区标准作业流程图	
		5. 婴幼儿活动:依各班作息表进行适龄活动		

时间	人员	工作内容	流程及表格	备注
统整时间	回家前的准备	1. 整理个人物品：如衣物、奶瓶、药物、托育日志等		老师应避免将婴幼儿个人物品放错他人书包
		2. 巡视婴幼儿身体状况、检查尿布		检查婴幼儿身体是否有蚊叮痕迹或伤痕
		3. 给孩子爱的抱抱、爱的语言		
放学时间	值班交接 亲师沟通	1. 与值班教师交接班级婴幼儿教保事宜及物品	交接记录表	婴幼儿物品必须完整带回
		2. 看护等接幼儿活动的安全		
		3. 当家长接送孩子时，老师请再次检查婴幼儿尿布及检视婴幼儿全身后再交给家长		检视婴幼儿身体有无蚊叮或伤痕，若有需主动告知家长
		4. 与家长分享婴幼儿的身体状况，及在中心的活动学习状况		特殊状况一定要当面口头告知
环境整理	全中心老师	1. 各班教室清洁、消毒，已使用的教具物品整理归位		
		2. 巡视教室教玩具的完整性及准备明日活动所需物品		
		3. 确认所清洁完成		
		4. 确认垃圾倾倒完成		
		5. 开启各班紫外线消毒灯		
	值班教师	1. 值班老师离开前检查大环境，如插头是否拔起、电灯及门窗是否关闭	每日安全检查记录表（晚值）	
		2. 垃圾是否已倒完		

教师工作流程分配表（0—1岁婴儿班）

时间	作　　息	轮值老师	备注及注意事项
7:50 准备工作	1. 准备泡奶及饮用水 2. 播放适合宝宝的音乐 3. 幼儿擦手巾擦嘴巾手帕等放在适合地方备用 4. 扫把、拖把放到厕所预备（以备临时所需） 5. 抹布（拧干折好）及水桶准备 6. 部分餐具消毒柜消毒 7. 装垃圾袋（教室、卫生间） 8. 开窗通风，或空调调至适合温度 9. 将紫消灯关闭并归位 10. 浴室抽风打开，热水器打开备用 11. 工作： 　① 日常生活工作：准备水果等道具，让全体幼儿认识 　② 准备碗盘、汤匙，做好舀小点心或叉水果的预备工作 （此工作内容物可变换）	早班老师/保育员	若有孩子尚未喝奶，协助孩子喝奶（请妈妈事先将奶备好带来） 脚踏垫放置厕所内的门口处 准备碗、盘子、汤匙、小杯、餐桌垫等进餐用具
8:30 入园接待	将书包内容物归位（奶瓶、衣服、裤子、围兜、手帕、浴巾、水壶装温水、母乳放专属冰箱）	教师	将家长带来的物品归位 如发现药包药单，立即联络家长，交由保健老师处理，班级不可喂药
9:00 餐点	洗手—戴围兜—递手帕—用餐—收拾—擦嘴—检查桌子干净与否—收拾 老师协助孩子穿脱裤子，将尿布换掉 接孩子进入教室	保育员教师教师	用餐前先擦桌子 协助尚未用完餐的孩子 整理晚到孩子的书包

时间	作　息	轮值老师	备注及注意事项
9:30 活动	1. 孩子自由探索时间 2. 老师引导、观察、记录孩子工作情形 3. 如果不是特别需要, 老师不用一直陪在孩子身边, 在他们需要提示或引导时做引导, 让孩子自己动手	教师 保育员	维持工作秩序 观察孩子, 拍照录像 工作时间, 教师避免聊天谈私事, 请将目光放在孩子身上。一定要有一位教师在教室内看着孩子, 避免出现无教师在场的状况
10:30 团讨	转换音乐、活动时间、说故事、唱歌、律动、大宝贝如厕的时间	教师	活动带领老师事先备课
11:00 餐前	游戏活动、准备午餐	保育员	引导陪伴孩子游戏 将母乳拿进来温热(母乳应于前一天就放置冷藏室解冻, 当天喝奶前请于20分钟前就应取出温热)
11:10 午餐	洗手—戴围兜—递手帕—用餐—收拾—擦嘴巴—检查桌子干净与否—收拾 引导孩子用餐, 观察其安全	教师 保育员	用餐前洗手及协助引导用餐 12:00时准备好孩子的牛奶, (1岁以上的孩子如果副食品吃得很好, 中午不提供奶) 将活动物品收拾好后, 在孩子等待时间带领唱歌或童谣
12:10 午休	切换音乐 更换尿布及陪伴孩子入睡 消毒地板及地垫、擦拭教具、擦拭工作柜 清洗餐具、手帕、围兜、奶瓶、抹布 填写托育日志	教师 保育员	清点教具是否有减少损坏 将清洗完的手帕、围兜、奶瓶归至书包 教师填写观察记录并不预写 检查孩子物品是否需补充并填写联络本

时间	作　　息	轮值老师	备注及注意事项
15:00 起床	切换音乐 如厕练习、准备餐点、床铺整理	教师 保育员	协助孩子如厕,并整理孩子服装仪容
15:30 点心	洗手—戴围兜—递手帕—用餐—收拾—擦嘴—检查桌子干净与否—收拾 引导用餐 集中吃完的孩子,并观察其安全	保育员 教师	用餐前必须洗手 在孩子等待时间带领唱歌或童谣
16:00 团讨	活动时间、说故事、唱歌、律动、清洗餐具、手帕、围兜、奶瓶、抹布 协助准备母乳或配方奶	教师 保育员 教师	教师事先备课 将清洗完的手帕、围兜、奶瓶归至书包 清洗时,抹布需消毒
16:30 离园	整理要带回的东西(换洗衣物、擦屁屁毛巾、水壶、联络本、药物、外套、围兜手帕、奶瓶) 集中孩子,并观察其安全 有序离园	教师	请检查孩子的物品是否都带齐或放错 协助先回家的孩子更换尿布
17:00 打扫	教室打扫、公共环境清洁打扫 明日物品准备	教师 保育员	观察孩子探索的行为方式并留意安全 有交接班填写交接事项记录表
17:30 整理	使用紫消灯、门窗关闭	教师 保育员	离开教室时确认所有电源是否关闭 晚值老师检查所有教室和厨房门窗、物品是否都已完成

教师工作流程分配表（1—3岁幼儿班）

时间	作　息	轮值老师	备注及注意事项
7:50 准备工作	1. 准备牛奶及饮用水 2. 播放适合宝宝的音乐 3. 幼儿擦手巾擦嘴巾手帕等放在适合地方备用 4. 扫把、拖把放到厕所预备（以备临时所需） 5. 抹布（拧干折好）及水桶准备 6. 部分餐具消毒柜消毒 7. 装垃圾袋（教室、卫生间） 8. 开窗通风，或空调调至适合温度 9. 将紫消灯关闭并归位 10. 浴室抽风打开，热水器打开备用 11. 工作： ① 日常生活工作：准备水果等道具，让全体幼儿认识 ② 准备碗盘、汤匙，做好舀小点心或叉水果的预备工作 （此工作内容物可变换）	保育员	准备保温消毒柜，若有孩子尚未喝奶，请妈妈事先将奶备好带来 教师备脚踏垫放置厕所内的门口处 准备碗、盘子、汤匙、叉子、小玻璃杯、餐桌垫、砧板、刀子、磨泥器等用具，请班级老师检查
8:30 入园接待	将书包内容物归位（衣服、裤子、尿布、围兜、手帕、尿布垫） ＊体能活动、律动	教师	将家长带来的物品归位 如发现药包药单，立即联络家长，交由保健老师处理，班级不可喂药
9:00 餐点	洗手—戴围兜—递手帕—用餐—收拾—擦嘴巴—检查桌子干净与否—收拾 老师协助孩子穿脱裤子，将尿布换掉	保育员 教师	用餐前先擦桌子 协助尚未用完餐的孩子 整理晚到孩子的书包

时间	作　息	轮值老师	备注及注意事项
9:30 活动	1. 孩子自由探索时间 2. 教师进行五感活动引导、观察、记录孩子活动发展情形 3. 如果不是特别需要，老师不用一直陪在孩子身边，在他们需要提示或引导时做引导，其余时间让孩子自己动手	教师全员	生活常规及工作秩序的引导 观察孩子，拍照录像 工作时间，教师避免聊天谈私事，请将目光放在孩子身上。保证要有一位教师在室内，避免出现无教师在场的状况
10:30 团讨	转换音乐、活动时间、说故事、唱歌、律动、幼儿如厕的时间	教师	活动带领老师事先备课
11:00 餐前	游戏活动、准备午餐	教师保育员	
11:10 午餐	洗手—戴围兜—递手帕—用餐—收拾—擦嘴巴—检查桌子干净与否—收拾 引导孩子用餐，集中吃完的孩子，并观察其安全	教师保育员	用餐前督促孩子洗手及提供协助引导用餐 1岁以上的孩子如果副食品吃得很好，中午不提供奶
12:10 午休	切换音乐 更换尿布及陪伴幼儿入睡 消毒地板及地垫、擦拭教具、擦拭工作柜 清洗餐具、手帕、围兜、奶瓶、抹布	教师保育员	清点教具是否有减少损坏 将清洗完的手帕、围兜、奶瓶归至书包 教师填写观察记录并不预写 检查孩子物品是否需补充并填写联络本
15:00 起床	切换音乐 如厕练习、准备餐点	教师保育员	协助幼儿如厕，并整理幼儿服装仪容 午睡时间记录在联络簿上

时间	作　　息	轮值老师	备注及注意事项
15:30 点心	洗手—戴围兜—递手帕—用餐—收拾—擦嘴巴—检查桌子干净与否—收拾引导用餐 集中吃完的孩子,并观察其安全	保育员 教师	将水果物品收拾好后,在孩子等待时间带领唱歌或童谣 用餐前洗手 在孩子等待时间带领唱歌或童谣
16:00 团讨	活动时间、说故事、唱歌、律动、清洗餐具、手帕、围兜、奶瓶、抹布 协助准备母乳或配方奶	教师 保育员 教师	教师事先备课 将清洗完的手帕、围兜、奶瓶归至书包 清洗时,抹布需泡洗碗精消毒
16:30 离园	整理要带回的东西(换洗衣物、擦屁屁毛巾、水壶、联络本、药物、外套、围兜手帕、奶瓶) 集中孩子,并观察其安全 有序离园	教师	请检查孩子的物品是否都带齐或放错 协助先回家的孩子更换尿布
17:00 打扫	教室打扫、公共环境清洁打扫 明日物品准备	教师 保育员	观察孩子探索的行为方式并留意安全 有交接班填写交接事项记录表
17:30 整理	使用紫消灯、门窗关闭	教师 保育员	离开教室时确认所有电源是否关闭 晚值老师检查所有教室和厨房门窗、物品是否都已完成

教职工作息时间安排表（范例）

班 次	上 午		下 午	
	工作时段	工作时间	工作时段	工作时间
早班教师	7:50—12:30	4小时40分	2:00—5:00	3小时
晚班教师	8:20 — 17:00 （午餐时间30分钟）			8小时10分
保育员	7:50—12:20	4小时30分	13:30—17:00	3小时30分
保健教师	7:50—12:10	4小时20分	13:20—17:00	3小时30分
课程顾问	8:20—12:20	4小时	13:00—17:00	4小时
中心园长	8:20—12:20	4小时	13:00—17:00	4小时
厨 房	7:30—16:00 （午餐时间30分钟）			8小时

说明：1. 各中心可依据实际情况做调整。
2. 如有其他岗位班次，另行安排。

参观来访签到表

序号	姓　名	单　　位	联系方式
1			
2			
3			
4			
5			
6			
7			
8			
9			
10			
11			
12			
13			
14			
15			

参观来访反馈表

日　期		单位名称		反馈人姓名	

记录要点：

意见与建议：

教职工花名册

序号	姓名	性别	政治面貌	学历	专业名称	资格证类别	岗位	家庭住址	身份证号码	联系电话	紧急联系人	紧急联系电话
1												
2												
3												
4												
5												
6												
7												
8												
9												
10												
11												
12												
13												
14												
15												
16												

教职工考勤表

____年 ____月

编制单位：　　　　　　　部门：　　　　　　　考勤员：

序号	姓名	1	2	3	4	5	6	7	8	9	10	11	12	13	14	15	16	17	18	19	20	21	22	23	24	25	26	27	28	29	30	31	出勤	缺勤
1																																		
2																																		
3																																		
4																																		
5																																		
6																																		
7																																		
8																																		
9																																		
10																																		
11																																		
12																																		
13																																		
14																																		
15																																		
工作日												应到天数					实到天数																		

工作代理制度

为使托育中心工作正常运行,不因人员请假、休假等而使工作停顿,特订定本办法。

本中心代理制度可分为行政职务及托育职务二种代理,代理方式如下:

▲▲▲ 行政职务

1. 中心园长与行政人员相互代理。

2. 保健老师请假时,由具有护理背景的保教人员代理,其原先班级托育职务则由行政人员代理。

3. 厨房人员请假时,由具有疾控体检健康证保育人员代理,其原先职务则由行政人员代理。

▲▲▲ 托育职务

1. 班级保教人员请假时,由于同班保教人员较为熟悉班级事务及婴幼儿状况,故须相互代理,而行政人员须入班协助。

2. 被代理人应将紧急联络电话告知代理人,且应主动随时与代理人保持联系,以维护托育中心正常运作。如遇有急要事务无法处理时,应及时向被代理人或向中心行政人员反应处理,不得有延误。

3. 中心各项日常工作,代理人应明了业务内容及流程,人员请假时,代理人须于请假单上签章。

4. 中心应建立职务代理人名册,落实职务代理制度。

5. 中心人员有调整时,代理人员名册应及时调整。

附:

员工代理名册一览表

职称	姓 名	工 作 内 容	职务代理人	备 注
园长		布置中心所有管理与日常事务 落实上级部门规范检查等工作 做好招生接待等工作 收集整理各项活动以及日常资料 负责收付款出纳 协调保教人员请假人员等		

职 称	姓 名	工 作 内 容	职务代理人	备 注
保健人员		负责制定卫生保健相关行政计划 协助督导环境的清洁与维护 婴幼儿的伤病照护 执行婴幼儿喂药制度 管理中心财物及物品购置		
厨房人员		餐点的准备与制作 厨房环境的清洁与维护 托育中心责任包干区清洁		
托育人员		照护婴幼儿日常生活与安全 记录婴幼儿每日生活学习过程 教具、教学设备的制作与维护 实施班级家园沟通 负责班级环境布置与维护,定时维护 班级内外清洁		

员 工 请 假 单

填写时间:_____年_____月_____日

姓 名		部 门	
1. 请假类别: □事假　　□病假　　□婚假　　□丧假　　□产假　　□其他			
2. 请假事由:			
3. 请假时间: 自　年　月　日　时至　月　日　时,共计　天　时			
审核意见	园长:		

托育人员请假交接记录表

编号	班级	请假日期	请假人员	代理人员	交　接　事　项	检查人
					□用餐区准备　内容：_____ □工作区预备　内容：_____ □清洁区准备　内容：_____ □教学活动带领　内容：_____ □幼儿尿布更换或如厕练习　□引导与观察幼儿工作 □婴儿喂奶或用餐预备与协助　□幼儿午睡准备与巡视 □填写托育日志　□幼儿喂药、量体温 □教室环境整理与清洁　□婴儿沐浴 □其他特殊事项：_____	
					□用餐区准备　内容：_____ □工作区预备　内容：_____ □清洁区准备　内容：_____ □教学活动带领　内容：_____ □幼儿尿布更换或如厕练习　□引导与观察幼儿工作 □婴儿喂奶或用餐预备与协助　□幼儿午睡准备与巡视 □填写托育日志　□幼儿喂药、量体温 □教室环境整理与清洁　□婴儿沐浴 □其他特殊事项：_____	

调 休 单

　　　　　　　＿＿＿＿老师于＿＿＿月＿＿＿日加班＿＿＿天(小时),中心同意给予

调休＿＿＿天(小时)。

　　　　　　　　　　　　　　　　　　签字:＿＿＿＿＿＿＿＿＿＿＿

　　　　　　　　　　　　　　　　　　　＿＿＿年＿＿月＿＿日

员工入职登记表

姓名		性别		出生时间		年 月 日			照
婚姻状况		籍贯		民族		学历			
家庭地址					邮编				
通讯地址					邮编				片
住址电话			联系电话						
电子邮件			外语语种			水平			
身份证号码				身高		体重		血型	
入职部门		职务		入职时间	年 月 日		基本工资		元／月

	姓名	关系	年龄	职务	工作单位	联系电话
家庭情况						

在紧急情况时请通知						
姓名		关系		地址	联系电话	

个人简历

	工作时间	单位名称	职务	单位电话	工资待遇	离职原因
工作经历						

签字：_____

_____年___月___日

岗前培训实施方案（范例）

▲▲▲ 目的

1. 增进新进人员的专业知识与技能。

2. 提升新进人员专业能力与成长。

3. 扩展新进人员角色功能,适才适任。

▲▲▲ 实施对象

本中心的新进人员

▲▲▲ 实施地点

集团各中心

▲▲▲ 实施日期

新进人员到职前一周内完成

▲▲▲ 实施内容

（一）职前教育训练课程

课程名称	课 程 目 标	时数	方　式
简介机构环境	1. 认识托育中心环境 2. 认识托育中心工作人员 3. 了解托育中心的地址、电话、公众号等信息 4. 学习各项设备（如空调、电脑、门禁、广播等）的使用方法 5. 熟悉各项物品陈列的位置	1小时	现场参观 现场解说 现场示范与操作
服务内容	1. 认识托育中心成立的宗旨、收托对象、收托时间及收费标准 2. 了解工作人员的工作内容 3. 了解班级的作息时间与婴幼儿教保课程 4. 熟悉儿童发展特点及各发展关键期 5. 了解各项婴幼儿生活照护的相关SOP	1小时	文件说明

课程名称	课 程 目 标	时数	方　式
经营管理制度	1. 了解托育中心的人事制度、福利、薪资结构与请（休）假等相关规定 2. 了解托育中心的员工工作守则 3. 了解托育中心年度业务计划 4. 熟悉紧急意外事故处理流程	1小时	文件说明
相关法令与见习	1. 了解托育中心相关法令与政策 （1）托育中心管理实施原则 （2）托育中心专业人员照护示范 （3）托育机构人员常见传染病防治 2. 学习婴幼儿照护技巧	3小时	1. 文件说明 2. 班级见习

（二）职前教育训练评量

1. 新进人员职前教育训练完后,交学习小结。

2. 中心园长对新进人员进行职前训练时,进行《新进人员职前训练评量表》,以评估新进人员各项表现、态度。若评量成绩通过则予以晋用,未通过者,可再增加延长职前训练时间或不予录用。

新进人员职前培训反馈表

日期		中心名称		对接人：	
主要培训内容				反馈人姓名	

记录要点：

收获与反思：

新进人员职前训练评价表(范例)

新进人员姓名		职前培训日期	一
评价人		评估成绩	

序号	细 则	评 价
1	有相关从业资质	棒□ 较好□ 待提高□
2	有相关从业经验	棒□ 较好□ 待提高□
3	来中心职前训练期间,无迟到早退现象	棒□ 较好□ 待提高□
4	不离岗串岗,离岗有交接	棒□ 较好□ 待提高□
5	能服从本中心工作安排	棒□ 较好□ 待提高□
6	行为举止符合中心对保教人员的要求	棒□ 较好□ 待提高□
7	与人为善、勤学好问、不斤斤计较	棒□ 较好□ 待提高□
8	微笑、鼓励、拥抱、聆听,给予幼儿正向的回应	棒□ 较好□ 待提高□
9	能展现对家长及幼儿的亲和力及沟通能力	棒□ 较好□ 待提高□
10	认真完成中心安排的各项工作	棒□ 较好□ 待提高□
11	能遵守各项工作的要求,并坚持遵照执行	棒□ 较好□ 待提高□
12	工作态度认真,言谈举止恰当	棒□ 较好□ 待提高□

综合评价:

工 作 对 接 单

申请时间		交办单位		交办者	
请办单位				请办单位 接收时间	
工作内容 要求				要求完成时间	
				任务等级	□一般 □紧急 □非常重要 □非常紧急
交办单位 领导签字					
请办单位 领导审批					

离 职 申 请 书

_____年_____月_____日

<table>
<tr><td rowspan="3">离职申请</td><td>姓名</td><td></td><td>职位</td><td></td><td>担任工作</td><td></td></tr>
<tr><td>到职日期</td><td></td><td>离职日期</td><td colspan="3"></td></tr>
<tr><td>离职原因</td><td>□ 环境(气氛)不佳
□ 转换行业
□ 结婚、生育
□ 健康因素
□ 进修
□ 其他(请于右侧说明)</td><td>说

明</td><td colspan="3"></td></tr>
<tr><td rowspan="6">离职手续</td><td>关联部门</td><td>应移交事项</td><td colspan="2">说　　　明</td><td>接收人签收</td><td>负责人</td></tr>
<tr><td>物品</td><td>经管资产、文具、
钥匙、门禁、园服、图书等</td><td colspan="2"></td><td></td><td></td></tr>
<tr><td>财务</td><td>工资、借款等</td><td colspan="2"></td><td></td><td></td></tr>
<tr><td>班务</td><td>经办工作、未办工作、
幼生各项资料
(请交接给接班老师)</td><td colspan="2"></td><td></td><td></td></tr>
<tr><td>保密协议</td><td colspan="3">不将中心资料外流及在别处使用,
经查属实愿承担法律责任</td><td></td><td></td></tr>
<tr><td>实际离职日期</td><td></td><td>人事</td><td></td><td>主任</td><td></td></tr>
</table>

离职交接清单

<table>
<tr><td rowspan="2">基本资料</td><td>姓名</td><td></td><td>部门</td><td></td><td>岗位</td><td></td></tr>
<tr><td>入园日期</td><td></td><td>离职日期</td><td></td><td></td><td></td></tr>
<tr><td rowspan="6">教学物品交接清单</td><td></td><td></td><td></td><td></td><td></td><td></td></tr>
<tr><td></td><td></td><td></td><td></td><td></td><td></td></tr>
<tr><td></td><td></td><td></td><td></td><td></td><td></td></tr>
<tr><td></td><td></td><td></td><td></td><td></td><td></td></tr>
<tr><td></td><td></td><td></td><td></td><td></td><td></td></tr>
<tr><td></td><td></td><td></td><td></td><td></td><td></td></tr>
</table>

交付人：　　　　　　　　交接人：　　　　　　　　监交人：

<table>
<tr><td rowspan="6">后勤物品交接清单</td><td></td><td></td><td></td><td></td><td></td><td></td></tr>
<tr><td></td><td></td><td></td><td></td><td></td><td></td></tr>
<tr><td></td><td></td><td></td><td></td><td></td><td></td></tr>
<tr><td></td><td></td><td></td><td></td><td></td><td></td></tr>
<tr><td></td><td></td><td></td><td></td><td></td><td></td></tr>
<tr><td></td><td></td><td></td><td></td><td></td><td></td></tr>
</table>

交付人：　　　　　　　　交接人：　　　　　　　　监交人：

<table>
<tr><td>其他物品交接清单</td><td></td></tr>
</table>

交付人：　　　　　　　　交接人：　　　　　　　　监交人：

03
后勤常用表单列表

- ▶ 物资类
- 费用类

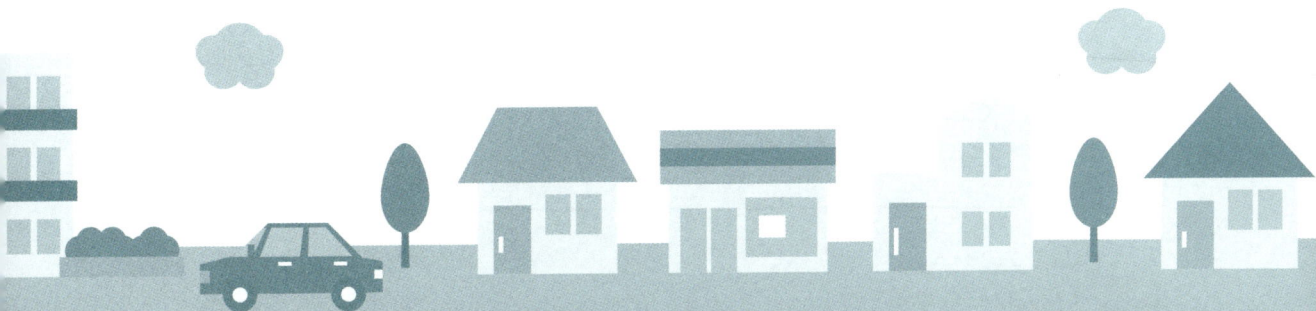

（一）物资类

固定资产清单

购置日期	品名	规格	单位	数量	金额	安置地点	备注

物品申购报销流程

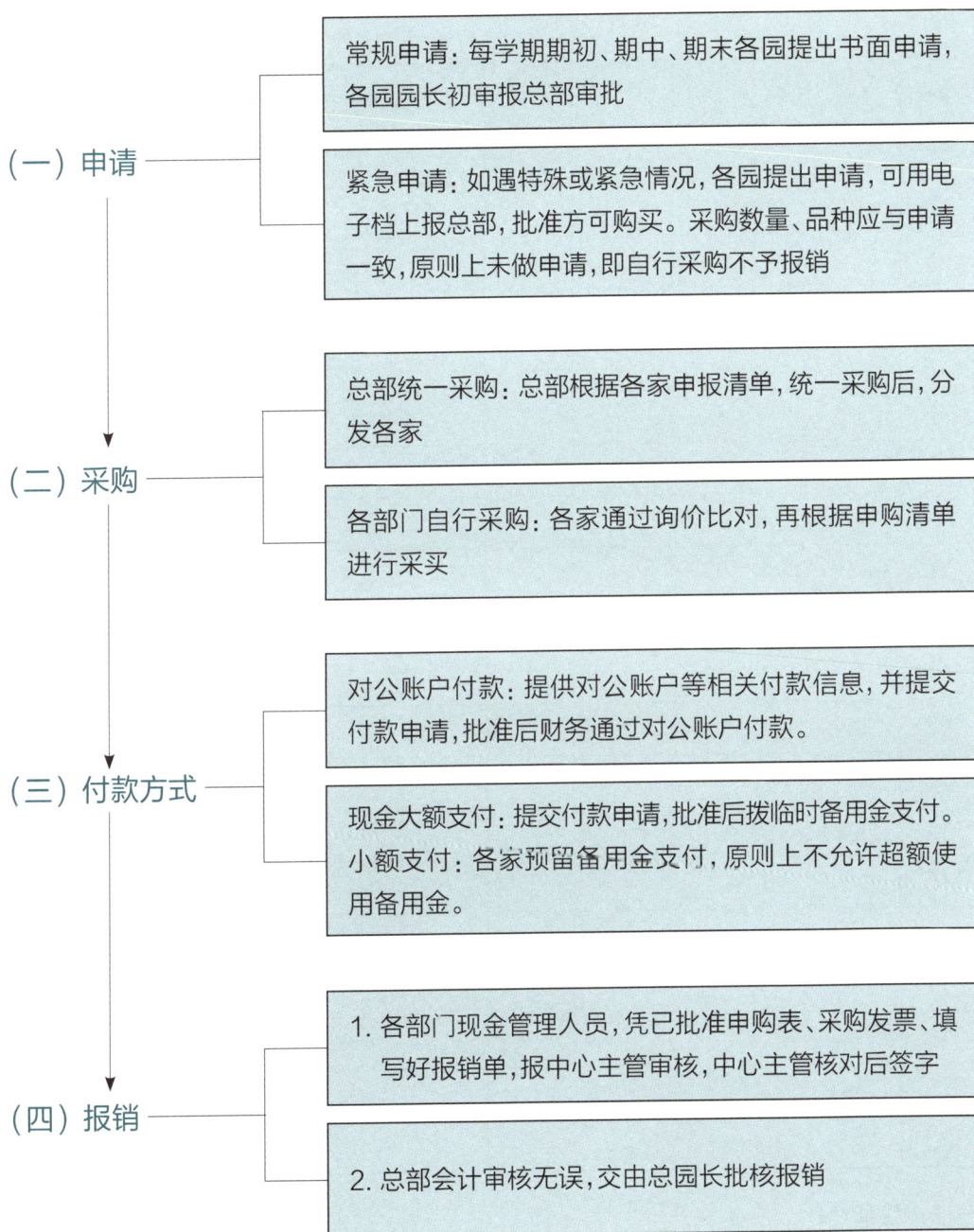

（一）申请

> 常规申请：每学期期初、期中、期末各园提出书面申请，各园园长初审报总部审批

> 紧急申请：如遇特殊或紧急情况，各园提出申请，可用电子档上报总部，批准方可购买。采购数量、品种应与申请一致，原则上未做申请，即自行采购不予报销

（二）采购

> 总部统一采购：总部根据各家申报清单，统一采购后，分发各家

> 各部门自行采购：各家通过询价比对，再根据申购清单进行采买

（三）付款方式

> 对公账户付款：提供对公账户等相关付款信息，并提交付款申请，批准后财务通过对公账户付款。

> 现金大额支付：提交付款申请，批准后拨临时备用金支付。
> 小额支付：各家预留备用金支付，原则上不允许超额使用备用金。

（四）报销

> 1. 各部门现金管理人员，凭已批准申购表、采购发票、填写好报销单，报中心主管审核，中心主管核对后签字

> 2. 总部会计审核无误，交由总园长批核报销

物 品 申 购 表

申购时间：

序号	名　　称	数量	完成时间	预　算	备　注
1					
2					
3					
4					
5					
6					
7					
8					
9					
10					
11					
12					
13					
14					
15					
16					
17					
18					
19					
20					

恳请审核批准！

申请人：＿＿＿＿＿＿＿＿＿＿

核 准 人：＿＿＿＿＿＿＿＿＿＿

同意采购项：＿＿＿＿＿＿＿＿＿＿＿＿

采购方式：＿＿＿＿＿＿＿＿＿＿

审核批准人：＿＿＿＿＿＿＿

物品领用登记表

20_____年_____月—20_____年_____月

物品名称：　　　　　　单位：						物品名称：　　　　　　单位：					
日期	部门	入库数量	出库数量	库存	领用人	日期	部门	入库数量	出库数量	库存	领用人

婴幼儿物品领取签收表

序号	领取日期	领 取 物 品	幼儿姓名	领取人签名	备注
1					
2					
3					
4					
5					
6					
7					
8					
9					
10					
11					
12					
13					
14					
15					
16					
17					
18					
19					
20					

物品借用登记表

序号	物 品 名 称	借用部门	借出时间	借用人签字	经办人签字	归还时间	备 注
1							
2							
3							
4							
5							
6							
7							
8							
9							
10							
11							
12							
13							
14							

（二）费用类

中心收费价目表

日托：

课程时间	单月	季度	半年	一年
课程总价				
优惠折扣				
折后价格				
折后单价				
有效时长				
备注：伙食费10/天				

幼儿退费明细表

退费时间：_____ 班级：_____ 经办：_____

序号	幼儿姓名	月				月				月				月				合计	家长签名	备注
		保教	伙食	出勤	应退	保教	伙食	出勤	应退	保教	伙食	出勤	应退	保教	伙食	出勤	应退			
1																				
2																				
3																				
4																				
5																				
6																				
7																				
8																				
9																				
10																				
11																				
12																				
13																				
14																				
15																				
16																				
17																				
18																				
19																				
20																				

说明：应退以及合计部分用红色标注，所有退费须家长确认签字。

工 资 表

| 序号 | 姓名 | 入职时间 | 应发 | | | | | | | | | 应发合计 | 应扣 | | | | | 实发合计 |
			基本	岗位	工龄	资质	安全	考核	全勤	餐补	其他		事假	病假	社保	公积金	个税	
1																		
2																		
3																		
4																		
5																		
6																		
7																		
8																		
9																		
合计:																		

制表人:　　　　　　　　审核:

福 利 发 放 表

（_____ 园）

序号	姓 名	具 体 内 容	签 字	备 注
1				
2				
3				
4				
5				
6				
7				
8				
9				
10				
11				
12				
13				
14				
15				
16				
17				
18				
19				
20				
合计				

制表：　　　　　　确认：　　　　　　审批：

日期：

04
业务与市场常用表单列表

▶ • 业务类
  • 市场类

入 园 意 向 表

1. 宝宝姓名_____　　2. 性别_____

3. 宝宝生日_____　　4. 家长姓名_____

5. 家庭地址_____

6. 联系方式_____　　7. 微信_____

8. 您宝宝的出生方式　　□顺产　　□剖腹产

9. 您是从何种途径获知本托育中心的？

　　□他人介绍　　□自己发现　　□线上宣传　　□线下宣传

10. 目前宝宝由谁带？

　　□父母　　□祖辈　　□保姆　　□其他

11. 咨询意向　　□亲子课　　□全日幼托　　□水育　　□亲子餐厅

12. 之前有无了解或接触过早教？

　　□有　早教机构名称_____　　□没有

13. 你选择教育机构看重的是？

　　□收费低　　　　□朋友介绍□碑好　　□特色教育　　□老师专业有责任感

　　□老师热情细心　　□环境硬件好　　□安全卫生　　□就近方便

14. 您最关心孩子在中心得到哪些方面的发展？

　　□潜能开发　　□性格习惯　　□生活习惯　　□情绪社交

　　□身体状况　　□音乐的培养　　□人格的健全

15. 您预期每月在孩子身上的教育花费是多少？

　　□3 000—4 000　　□4 000—5 000　　□5 000—6 000　　□6 000以上

16. 备注

_____

_____

_____

来访日期_____　　接待人_____

家长满意度调查表

亲爱的家长,您好:

为了了解您对本中心提供的各项服务的感受与看法,请您配合填答下列问题。了解家长对本中心的整体环境、行政服务和教保方式与态度的满意度,并将之作为我们改善行政、教学与卫生的依据。作为本托育中心改善的重要参考,以便我们营造更高质量的托育环境。本问卷无须署名,请您放心作答。请依您实际了解的情形在□内打√。衷心感谢您的合作与参与!

项　　目	非常满意	满意	尚可	不满意
(一) 整体环境				
您对本中心的室内环境规划(如:物品收纳、环境动线、家具设施)的满意程度如何?	□	□	□	□
您对本中心的环境安全措施(如:消防及逃生设备设施、电器用品等)满意程度如何?	□	□	□	□
您对本中心的睡眠环境规划(如:光线、隔音、棉被收纳、睡床等)满意程度如何?	□	□	□	□
您对本中心的清洁环境(如:厕所、浴室、洗手台等)满意程度如何?	□	□	□	□
您对本中心的喂食环境(如备餐区、哺育用品)满意程度如何?	□	□	□	□
您对本中心的游戏活动空间规划(如:安全防护措施、室内外游戏区等)满意程度如何?	□	□	□	□
您对本中心的教玩具/教材设备(如安全玩具、图画书等)满意程度如何?	□	□	□	□
您对本托育中心的整体托育环境满意程度如何?	□	□	□	□
(二) 行政服务				
您对本中心行政人员重视家长意见、并能关心家长权益的满意程度如何?	□	□	□	□
您对本中心行政人员能实时适切解决家长的问题满意程度如何?	□	□	□	□
您对本中心行政人员与您及孩子的互动满意程度如何?	□	□	□	□

项　　目	非常满意	满意	尚可	不满意
您对本中心行政人员经常利用各项通道公布中心活动讯息满意程度如何？	☐	☐	☐	☐
您对本中心行政人员的专业素养满意程度如何？	☐	☐	☐	☐
您对本中心行政人员服务态度满意程度如何？	☐	☐	☐	☐
您对本中心行政人员整体表现满意程度如何？	☐	☐	☐	☐
（三）教保方式与态度				
您对本中心托育人员日常言谈举止满意程度如何？	☐	☐	☐	☐
您对本中心托育人员与孩子互动情形满意程度如何？	☐	☐	☐	☐
您对本中心托育人员对孩子充满关怀且态度友善的满意程度如何？	☐	☐	☐	☐
您对本中心托育人员了解婴幼儿发展并能提供适切学习活动满意程度如何？	☐	☐	☐	☐
您对本中心托育人员提供婴幼儿生理与保健的照护满意程度如何？	☐	☐	☐	☐
您对本中心托育人员在孩子有问题时，能提供适当的辅导与协助并解决问题的满意程度如何？	☐	☐	☐	☐
您对本中心托育人员能妥善解决家长提出的问题满意程度如何？	☐	☐	☐	☐
您对本中心托育人员能提供婴幼儿保育信息满意程度如何？	☐	☐	☐	☐
您对本中心托育人员经常关心孩子的生活与健康，给予辅导与关怀满意程度如何？	☐	☐	☐	☐
您对本中心托育人员的托育服务态度满意程度如何？	☐	☐	☐	☐
您对于本中心整体表现满意程度如何？	☐	☐	☐	☐

您如有其他建议，请写出您宝贵的意见：

_____

感谢您完成本问卷！

填表日期：_____年_____月_____日

意向家长问卷调查表

敬爱的爸爸妈妈,您好:

首先感谢您能抽空填写本问卷。本问卷旨在了解您对宝宝的教养问题与教养技巧的需求,恳请惠赐您的意见。本研究调查资料会保密,您可以放心填答,您的宝贵意见将是举办座谈的重要参考依据,劳烦之处,敬请见谅。

个人背景资料

您的年龄: □ 21—30岁　□ 31—40岁　□ 41—50岁 □ 51岁以上

教育程度: □ 高中(职)毕业　□ 专科毕业 □ 大学毕业 □ 研究生及以上

您有几个宝宝: □ 1个　□ 2个　□ _____

宝宝的年龄: □ 0—1　□ 1—2　□ 2—3　□ 3岁以上

宝宝从小是自己照顾: □ 是　□ 否

宝宝请人带: □ 家中长辈　□ 请阿姨　□ 送托育中心

想了解您参与宝宝的教养需求现状,请您依目前对宝宝在教养问题与教养技巧的实际状况,在以下各题中选出最符合您的答案。

教 养 内 容	非常需要	需要	不需要
1. 我对宝宝的口腔动作发展不了解,想要咨询			
2. 我对宝宝在语言发展上不了解,想要咨询			
3. 我需要了解更好的教导宝宝用餐规矩的方式			
4. 我想想要了解手足吵架时我该如何应对			
5. 我遇到教养问题会愿意寻求领域专家咨询			
6. 遇到不喜欢表达的孩子,如何引导其有更多情绪表达?			
7. 我的孩子挑食,不吃主食爱吃饼干糖果			
8. 当孩子用发脾气、假哭的方式表达情绪,如何解决?			
9. 我对孩子的生病感到焦虑不知所措,需要咨询			
10. 孩子怕生,如何引导?			
11. 如何协助婴儿入睡? 拍背安抚都无效时,还有什么方法可以协助?			
12. 当发现孩子的坏习惯,除了提醒还能如何引导?			
13. 面对不喜欢开口表达的幼儿如何引导?			
14. 孩子的教育着重在哪里呢?			
15. 小朋友不吃饭乱跑怎么办?			
16. 孩子们真的听得懂大人的指令或话吗?			
17. 如何引导孩子快入睡?			
针对以上问题我们将举行专题讲座,如愿参加,请留下联系方式:			
其他想要了解的问题:			

新生入学申请（报名）表

编号：

<table>
<tr><td rowspan="4">幼儿情况</td><td>姓名</td><td></td><td colspan="2">性别</td><td></td><td>籍贯</td><td></td><td rowspan="3">贴幼儿照片处（一寸彩照）</td></tr>
<tr><td>出生日期</td><td></td><td>年</td><td>月</td><td>日</td><td>班级</td><td></td></tr>
<tr><td>居住地址</td><td colspan="6"></td></tr>
<tr><td colspan="2">有无过敏史</td><td colspan="2"></td><td colspan="2">特殊疾病史</td><td colspan="2"></td></tr>
<tr><td rowspan="5">家庭情况</td><td>家长姓名</td><td colspan="3">工作单位</td><td colspan="3">联系方式</td><td></td></tr>
<tr><td>父</td><td colspan="3"></td><td colspan="4"></td></tr>
<tr><td>母</td><td colspan="3"></td><td colspan="4"></td></tr>
<tr><td>紧急联系人信息</td><td colspan="3">与幼儿关系：</td><td colspan="4">电话：</td></tr>
<tr><td>其他联系人信息（选填）</td><td colspan="3">与幼儿关系：</td><td colspan="4">电话：</td></tr>
<tr><td>家长需要特别明说或解释的情况</td><td colspan="8">

幼儿身份证号：</td></tr>
<tr><td>所报班级</td><td colspan="8">

日 托　　半日托　　临 托　　亲子课程　　早教课程</td></tr>
<tr><td>填表时间</td><td></td><td>年</td><td>月</td><td></td><td>日</td><td colspan="2">申请人签名</td><td></td></tr>
</table>

新生家访记录表

教师:＿＿＿＿＿＿＿   时间:＿＿＿＿＿＿＿

幼儿姓名			性别		出生年月		籍贯	
家庭住址								
家庭状况	父亲姓名		出生年月		文化程度		工作单位		联系电话
	母亲姓名							

<table>
<tr><td rowspan="2">家庭状况</td><td colspan="8">孩子与父母是否同住,有无其他家庭成员共同居住:</td></tr>
</table>

幼儿健康状况	有无特殊身体状况(如过敏史等)

幼儿在家中活动情况	饮食	是否会使用餐具独立进餐　　　　进餐所需时间
		进餐情绪　　　　饭量　　　　是否挑食
	睡眠	有无午睡习惯　　　是否独睡　　　是否尿床
	自理能力	能否控制大小便　　　　能否表达需要 大小便能否自理(自己脱穿裤等)
		能否自己洗手
		是否喜欢自己做事　　　　举例
	游戏活动	最喜欢的玩具图书
		能否自己玩　　　　周围是否有游戏小伙伴
		是否常看电视　　　　喜欢的节目
	日常行为表现	是否爱发脾气　　　　是否过分活跃或安静
	其他	

家庭闲暇活动(举例):

家长与幼儿之间的关系、态度、家庭氛围:

家长对幼儿的希望及对托育中心的要求:

家长签名:

肖像使用授权书

肖像使用授权人（甲方）姓名：_____ 性别：_____ 监护人签名：_____

被授权人（乙方）（单位）：_____

公司地址：_____

  根据《中华人民共和国广告法》《中华人民共和国民法通则》的有关规定，为明确肖像许可方（甲方）和使用方（乙方）的权利义务关系，经双方友好协商，甲乙双方就关于甲方肖像权的使用达成如下协议：

  甲方同意：乙方为甲方所拍摄的含有授权人肖像的全部照片和影像资料（以下简称肖像资料）的著作权归属乙方。在国内外各种媒体或媒介、宣传手册等其他一切能够合法存在的媒体或媒介上，无偿使用肖像资料中所含的本人肖像。

  乙方使用本人肖像的期限为：永久。

  乙方依本授权书使用肖像资料或肖像资料中所含的本人肖像的全部或局部时，无须另行通知本人。

  甲乙双方因与本协议有关的任何事项发生争议，由双方友好协商解决。若甲方不具备完全民事行为能力，则本协议应由其监护人代为审阅并签订。

  本协议自甲乙双方签章之日起生效，一式两份，甲乙双方各执一份，具有同等法律效力。

  本授权书一式两份，双方各执一份。

授权人（甲方）：   被授权人（乙方）：

  监护人：

   年 月 日   年 月 日

托育中心全日托育合约书

尊敬的家长朋友,您好!

欢迎您选择我们中心,从此,我们之间将架起一道重要的桥梁。我们深知任重而道远,让孩子们身心健康地发展是我们共同的心愿,我们将付出所有的爱心、耐心和细心,让快乐伴随孩子们成长的每一天。为了使您更放心地把孩子交给我们,请注意以下事项:

▲▲▲ 基本信息

宝宝姓名:_____   昵　　称:_____   英文名:_____

性　　别:_____   出生日期:_____

爸爸姓名:_____   职　　业:_____   联系方式:_____

妈妈姓名:_____   职　　业:_____   联系方式:_____

家庭地址:_____

▲▲▲ 收费及报名相关事宜

1. 入园时间:(周一至周五)8:00—16:30(最迟17:30前接走),超出时间一小时内按_____元结算 。

2. 孩子入园时一律不准带零食和小玩具,如瓜子、果冻、玻璃球等,因携带零食或玩具出现的意外事故本托育中心一律不负责任。

3. 孩子一旦在家患上传染病,家长应及时与托育中心联系,以便做好消毒和隔离工作,确保全体幼儿的健康。如果一个班级出现2例及以上传染病(如疱疹性咽峡炎、手足口病、水痘等)需停课一周,并凭医院的复诊证明入园。

4. 如果家长需要给孩子服药,请凭医院病历卡来园才能喂药。带药品来园时请在药盒上写上幼儿的姓名、服用时间、服用剂量,需内服还是外服。没有盒子的请用信封或塑料袋等包装好,写明以上要求后还需晨检时在喂药委托书上进行登记并交给保健老师,以免弄错药。(注:所有药品都必须由家长亲自交给保健老师,切勿让幼儿接触)。

5. 学费的缴纳:

报名类型	报名时间	优惠方式	缴费方式	保育费	伙食费	缴费总额	备注

保育费收费标准:

伙食费收费标准:_____元/天,一餐两点。

6. 请假与退费规定：

（1）宝宝如有特殊情况需要请假，请家长至少提前一天致电给宝宝的当班老师（紧急情况除外）。

（2）因事假、病假不能及时来上课的孩子，在园时间超过50%的，保育费不退，伙食按天退还；不超过50%的，保育费按50%收取，伙食按天退还。如未按约定上满所报课程时间，退费时按照所上的实际时间原价收取（国家法定假日期间，保育费按工作日正常收取，不在退费范围内）。

▲▲▲ 其他事宜

1. 入园时请家长把孩子的身心健康状况告知本托育中心，以便能及时做好处理工作。如有先天性的遗传疾病（心脏病、癫痫等）、食物过敏、药物过敏等病况。家长如有隐瞒，出现问题后果自负。如有发现不符合入托的健康状况要求的，以及严重影响班级其他幼儿正常学习、生活的请及时退托。

2. 若宝宝身体不适，请家长务必让宝宝在家休息，以免延误病情并避免传染他人。

3. 宝宝入托后，家长须负责提供和清洗宝宝在园中的床上用品、尿布、换洗衣物等，老师会定期安排家长将需更换或清洗的物品取回家。

4. 为保障在托育中心的孩子安全，请按时刷门禁卡接送孩子入托和离托（接送人必须是家长指定的成人，否则园方不予放行）。

5. 若家长对我园有任何意见或想法，欢迎以致电或直接与宝宝的任课老师沟通的方式提出你们的宝贵建议，我园将尽最大的努力加以改进。

_____年_____月_____日

我已详细阅读以上内容，并愿意遵守。家长签名：_____

托育中心亲子早教合约书

尊敬的家长朋友,您好!

欢迎您选择我们中心,从此,我们之间将架起一道重要的桥梁。我们深知任重而道远,孩子们身心健康的发展是我们共同的心愿,我们将付出所有的爱心、耐心和细心,让快乐伴随孩子们成长的每一天。为了让您更放心地把孩子交给我们,请注意以下事项:

▲▲▲ 基本信息(甲方)

宝宝姓名:_____ 昵　称:_____ 英文名:_____

性　别:_____ 出生日期:_____

爸爸姓名:_____ 职　业:_____ 联系方式:_____

妈妈姓名:_____ 职　业:_____ 联系方式:_____

家庭地址:_____

▲▲▲ 收费及报名相关事宜

付款金额

课　时	单　价	总价	优惠价	优惠原因	赠品及价值

应付金额共计(小写)￥_____元,(大写)￥____万____仟____佰____拾____元,

课程有限期为_____年____月____日至_____年____月____日;

▲▲▲ 请假与退费规定

1. 甲方须在合同有效期内完成所有课时,逾期课时无效,且剩余课程费用乙方不予退还。

2. 甲方如果不能如期上课须提前一天请假,若甲方无故缺勤,视为旷课扣一节课时。

3. 甲方如果长期请假可办理课时延期,48节课时可以延期一次,96课时可以延期两次,每次延期不超过一个月。且延期情况下,甲方仍须在合同有效期内完成所有课时,逾期课时无效,且剩余课程费用乙方不予退还。

4. 甲方认可获赠课时在正式课程完成之后开始生效,且仅在合同有效期内有效。如甲方提出解约,获赠课时将自动取消。

5. 本合同在有效期满时终止,或有效期满前课时完结而终止。

6. 甲方如在本合同有效期前解约,须提出书面申请,经乙方书面同意后方可解约、退

费手续,规定如下:

(1)合同签订后7日内,甲方申请解约,甲方须退还所有赠品方可退全部课时费,若赠品已使用,乙方按赠品标价从应退款项内扣除相应金额,赠品归甲方所有。

(2)如甲方已上课,甲方须支付已上课时费用(按课时原价计算)及课时总款项5%的退费手续费。使用课时超过总课时一半,乙方概不办理退费手续。

▲▲▲ 其他事宜

1. 请甲方讲究卫生,禁止在乙方中心内吸烟,不随地吐痰,不乱扔杂物。

2. 请甲方爱护乙方中心的玩教具、图书及相关设施,如损坏酌情赔偿。

3. 请甲方引导宝宝离开乙方中心时,不将乙方中心内物品带离。

4. 请甲方不将尖锐或其他有危险性的物品交至宝宝带入中心,以免发生意外。

5. 请甲方勿让宝宝携带钱币、贵重物品、零食至乙方中心。

6. 若家长对我园有任何意见或想法,欢迎以致电或直接与宝宝的任课老师沟通的方式提出你们的宝贵建议,我园将尽最大的努力加以改进。

_____年_____月_____日

我已详细阅读以上内容,并愿意遵守 甲方家长签名:_____

乙方签名(盖章):_____

托育会员入园须知（范例）

亲爱的宝宝家长：

您好！感谢你们选择托育中心，也欢迎你们加入！为使孩子能更好适应集体生活，并能受到良好的早期教育，请您仔细阅读以下内容，作好各项入园准备。愿托育中心的生活给孩子带来欢乐，愿我们的服务使您满意。

▲▲▲ 心理准备

孩子初次来园，因环境、人员的变化，可能会产生焦虑心理以及有种种的不适应。因此，初入园时家长应将孩子的健康状况、生活习惯、性格特点等情况如实介绍给老师，并填妥入园资料报名表。入园后，应经常利用接送孩子的机会和电话等各种方式了解孩子在园生活、游戏、交往等方面的进步和不足，及时表扬孩子的进步，配合教师有针对性地进行教育。

家长不要因为孩子哭闹就责备老师或不让孩子入园。应尽量安抚，不责怪孩子，离开时和孩子道别，并温柔而坚定地告诉孩子，您会准时接他回家。只有恰当对待孩子入园后的不适应，信任老师能照顾好孩子，才能尽快解决分离焦虑的问题。

▲▲▲ 物品准备

我们中心会为孩子一日生活提供最好最全面的条件，但为了让孩子更有归属感，更快适应集体生活，请给孩子准备一些个人物品，并做好标记。

1. 孩子简介（详细的介绍）。便于老师更快了解孩子，帮助孩子适应。

2. 安慰物（玩具、照片、毛巾）。如没有需要安慰物的习惯也不必特别准备。

3. 换洗衣裤。由于孩子较小，请准备两套。

4. 尿不湿（10片以内）。

5. 室内软底鞋一双。

6. 吸管杯。不要保温的，要透明的可以看到水量为宜。

7. 一张6寸近照及6张1寸近照。

8. 午睡用的床上用品一套。

▲▲▲ 家园联系

1. 网络：微信、QQ等。

2. 您还可以直接打电话与本班的老师直接交流（请在中午或晚上时间去电，每次交流请控制在5—10分钟）。

3. 为方便与家长联络，如您的联系方式有变更，请及时通知园方及本班教师。

4. 园内各项活动：包括托育中心组织的各项远足、郊游活动、运动会、大型的节日庆祝活动……为了和孩子一起成长，如果我们举办专家讲座，敬请您务必抽空参加，并踊跃提出建议。

▲▲▲ 家长行为规范

1. 遵守中心各项制度,按时接送幼儿,培养幼儿良好习惯。

2. 家园一致、言行一致。尊重教师,主动与教师合作；尊重幼儿、满足幼儿的合理需要。

3. 配合幼儿的教育,提供必要的支持。

4. 出入中心仪表整洁、服饰整齐、文明礼貌,言谈举止为幼儿做表率。

5. 爱护园内设施,保持室内外环境卫生,不吸烟,不大声喧哗。

6. 理智对待幼儿之间发生的矛盾、纠纷,不随意训斥幼儿,以确保幼儿身心健康。

7. 家长与在班教师谈话,通电话时间不宜过长,以免影响教师的正常工作。

▲▲▲ 注意事项

1. 家长送孩子应直接送至各班老师手中。如有特殊情况,请家长提前与办公室联系。

2. 为安全起见,请家长不要让孩子携带贵重物品、危险物品入园。幼儿来园前家长应注意查看幼儿的口袋,如发现有危险物品(如小刀、药片、铁钉、小颗粒物、钉锥、弹子、碎玻璃等)应立即取出,并及时对孩子进行教育。

3. 未经许可家长不要擅自进入幼儿活动室。被委托来接送幼儿的人,应年满18岁。并请提前联络老师,将被委托者的姓名、性别、年龄、特征、衣着与孩子之间的关系告诉老师。

▲▲▲ 在日常生活中希望您协助的事项

1. 为培养孩子良好的学习态度及专注能力,请事先培养幼儿规律的起居及良好的生活习惯,晚间不宜超过21:00点入睡。

2. 养成幼儿良好的生活自理能力,如刷牙、洗脸、进食、如厕、收拾玩具等。

3. 周六、日请不要让孩子暴饮暴食,避免胃肠功能紊乱和疾病。

4. 幼儿如要带心爱物来园与同伴分享,一定提前或在送幼儿时告知本班老师。

5. 幼儿若将本园的教具、玩具等公物带回家,请辅导他归还。请不要责备孩子,那只是表示孩子在物权观念上缺乏了解,千万不要过分责备孩子。

托育体验课前电话沟通话术（范例）

XXX妈妈您好！我是托育中心的XXX老师，您预约了＿＿＿＿年＿＿＿月＿＿＿日的半天/全天托育体验是吗？为帮助宝宝和家长适应托育环境，我简单地跟您做个沟通。

首先跟您介绍一下宝宝来参加的是托育中心一天托育体验班，孩子来这边可以参与到感觉统合大运动、社交音乐课、食物深度认知、主题式探索教学等活动，培养孩子们语言智能、数学逻辑智能、空间智能、身体运动智能、音乐智能、人际智能、自我认知智能、自然认知智能等能力。为宝贝更好地适应校园生活打下坚实的基础。本周体验课时间是＿＿＿＿年＿＿＿月＿＿＿日的半天/全天＿＿＿：＿＿＿一＿＿＿：＿＿＿，届时请按时带宝贝来参加。

由于宝宝是第一次入园，因环境会产生惧怕心理或种种不适，这是正常的。家长面对孩子的哭闹会不忍心、会担忧，这很正常，请家长不要慌张，以免影响孩子情绪。入园之前，最重要的是做好入园的各项准备。我们建议您可以做下记录。

我们要做的第一个准备是心理准备。由于宝宝是第一次来上学，面对陌生的环境，孩子会产生焦虑感，从而排斥上学，我们可以告诉孩子第一天妈妈会陪伴你一起入学，同时在家里要提前和宝宝来沟通即将要上学的事儿，告诉孩子这里是很好玩的地方，同时还可以交到很多的新朋友，鼓励孩子上学，增强孩子的自信心。那么这也是帮助他更好地适应学校的一个必要的过程。

我们要做的第二个是物质准备。第一点：孩子入园需要穿着简便、舒适、便于活动，便于穿脱的衣物，不穿带有危险隐患的衣物。家长可帮宝宝准备一双在学校穿的鞋子、一个喝水的水杯，这样可以帮助宝宝认知自己的物品，也能帮助孩子找到归属感。（如果宝宝有特殊需求也可以提前帮宝宝准备好带过来。）另外一点：宝宝在园区这几天里，每天上午点心时间会有食物认知的环节，请家长提前一天帮助宝宝一起准备好当天需要的食物带到学校来。您可以记录一下，本周需要准备的食物是：＿＿＿＿＿＿＿＿＿＿＿＿＿＿＿＿＿＿＿＿＿＿＿＿。

我们要做的第三个是能力准备。由于现在冬季天气寒冷，孩子起床时间需考虑到穿衣、洗漱、吃早餐和路上所需的时间，咱们陪伴孩子早睡早起，身体也是棒棒的，在中心玩耍精力也充沛一些。那么另外一点，因为到了新的地方，孩子适应环境的很重要的一个部分就是沟通，帮助孩子在有需求时要主动和老师说，比如口渴了要喝水，身体不舒服要告诉老师等等。这些能力都是孩子跨出成长第一步必要的组成部分。相信您的孩子能力会越来越棒！

那么最后，我们家长需要做些什么呢？第一点，在送托之前，您可以和孩子多聊聊托班的概念。因为孩子并不能理解托班是什么？您可以告诉他在这几天里面他可以参加哪些活动，交一些新的朋友等一些比较温馨的话题。第二点，在这几天里面，您可以选择休息一下，为了帮助孩子成为更好的自己，我们需要当一名优秀的观察者。观察孩子的一举一动,让孩子独立完成自己的工作,鼓励孩子自己的事情自己去完成。并且相信他可以做得更好!因此我们建议:第一天您可以陪着孩子进教室。观察孩子的需求。到了第二天,在一切都准备好的情况下,我们建议您可以和孩子做短时间的亲子分离,可以站在教室外的观察窗看孩子的情况。

最后半天,您可以在外等候,鼓励孩子自由参与学校的活动。同时课后也可以和老师聊聊孩子的情况,这样可以帮助孩子更快更好地适应学校生活。在回家之后抽个时间和孩子聊聊在中心发生了哪些有趣的事儿,学习了什么新的本领等话题,同时条件允许的情况下,也可以准备一些白天上课时的内容让孩子反复练习巩固,如果您的孩子完成得很好,记得一定要多鼓励他完成的好的地方,这样可以增强孩子的自信,从而让他爱上托育中心,喜欢上学。

好了,谢谢妈妈的接听,那我们下周见,祝您生活愉快,祝宝宝健康!

亲子体验课前电话沟通话术（范例）

XX妈妈您好！我是XX托育中心的小鱼老师，您预约了_____年____月____日____时的早教体验课程是吗？为帮助宝宝和家长适应环境和课程，我简单地跟您做个沟通好吗？

首先跟您介绍一下，宝宝体验的这个课程叫五感启蒙课程，这个课程是由7—8个环节组成，有音乐活动、有认知活动、有精细动作操作，还有运动游戏，通过"游戏＋体验＝学习"的方式让宝宝五感充分被刺激，从而开发大脑潜能，促进宝宝全面发展。整个课程45分钟左右，课程轻松愉快，希望宝宝能玩得投入。

另外，我们宝宝第一次上课要注意以下两个问题。

1. 请妈妈提前30分钟带宝宝来这里，初次上课，宝宝还没养成习惯，需要时间适应，或者宝宝会惦记外面的游乐区，所以辛苦您早点带宝宝过来，并在家里和宝宝沟通好，玩一会儿要去上课的。

2. 宝宝第一次上课可能会出现三种情况，一种是树獭型宝宝，粘在妈妈身上，比较胆小，有点放不开；第二种是哭闹型宝宝，宝宝吵着不上课，要到外面玩；第三种是游走型宝宝，在教室里很难坐下，到处走。那妈妈感觉XX是哪一种呢？

没关系，无论是哪一种的宝宝，我们首先都要在上课前一天为宝宝做个铺垫，告诉宝宝要去一个好玩的地方上课了，我们可以在那里玩耍和学习，但玩耍的时候玩耍，学习的时候要认真学习，良好的规则意识需要从小培养。同时上课的当天，我们提前让宝宝上好洗手间、也喝点水，这样上课的时候宝宝就不要轻易出教室了。妈妈给宝宝一点时间和一些耐心，陪伴宝宝适应新的环境和课堂。老师指导活动的时候宝宝刚开始不做没关系，妈妈不要强迫宝宝，自己认真去做就好了，若宝宝实在哭闹严重，我们可以抱着宝宝走出教室，等宝宝情绪安抚的时候再走进来。宝宝还小，控制能力差，如果分心也很正常，家长引导宝宝就好，不要责骂他哦！

好了，谢谢妈妈的接听，那我们周末见吧，祝您生活愉快，祝宝宝健康！

幼儿花名册

序号	幼儿姓名	身份证号码	性别	出生年月	家　长		家庭住址	联系电话	备注
					姓名	工作单位			
1					父				
					母				
2					父				
					母				
3					父				
					母				
4					父				
					母				
5					父				
					母				
6					父				
					母				
7					父				
					母				
8					父				
					母				
9					父				
					母				
10					父				
					母				

登记人：　　　　　　　　　　登记日期：　　　　　　　　　　幼儿所在班级：

一日作息时间表（0—1岁）

时　间	活　动　内　容
8:00—8:30	入园/公共区域活动/老师绘本分享
8:30—9:00	回教室/整理书包/洗手/换尿布 吃早点
9:00—11:00	工作时间 五感教学活动（视、听、味、触、嗅） 语言活动 户外活动/身体动作活动
11:00—11:40	洗澡/个别协助副食品用餐
11:40—12:30	喂奶 如厕引导
12:30—15:30	午休
15:30—16:00	如厕引导/喝水（水杯练习） 个别协助副食品用餐
16:00—16:30	个别化活动/游戏
16:30—17:30	整理书包/等待回家

一日作息时间表（1—2岁）

时　间	活　动　内　容
8:00—8:30	入园/律动/体育游戏
8:30—9:00	整理书包/如厕练习/吃早点
9:00—11:00	工作时间 五感教学活动（视、听、味、触、嗅） 户外活动/游戏活动
11:00—11:30	餐前教育/餐前准备
11:30—12:30	享用午餐 收拾/刷牙/如厕练习
12:30—15:20	午休
15:20—16:10	如厕/喝水 备餐/享用点心
16:10—16:30	个别化活动/游戏
16:30—17:30	分享/整理书包/收拾环境 如厕/等待回家

一日作息时间表（2—3岁）

时　间	活　动　内　容
8:00—8:30	入园/律动/户外游戏
8:30—9:00	整理书包/如厕/早点
9:00—11:00	工作时间 五感教学活动（视、听、味、触、嗅） 户外活动/游戏活动
11:00—11:30	餐前教育/餐前准备
11:30—12:30	享用午餐 收拾/刷牙/如厕练习
12:30—15:00	午休
15:00—15:40	如厕/喝水 备餐/享用点心
15:40—16:30	个别化活动/游戏
16:30—17:30	分享/整理书包/收拾环境 如厕/户外活动/等待回家

临 托 计 时 表

幼儿姓名：_____　　　家长联系方式：_____　　　临托时效：_____

序号	日　期	送托时间	接回时间	接待老师	家长签名

教师培训记录表

日期		主讲人	
姓名		培训内容	

记录要点：

收获与反思：

幼儿观察记录表

观察时间		观察地点	
观察教师		观察对象	
观察目的			

幼儿行为实录	
评价与分析	
教育建议及措施	

周 活 动 计 划

班级:_____ 教师:_____ 时间:_____

活动流程	一	二	三	四	五
身体动作					
五感认知					
生活自理					
集体活动					
自主工作					
户外活动					
社会情绪					
家园共育					

幼儿观察日志(0—1岁)

幼儿姓名:_____ 观察日期:_____年_____月_____日

家长嘱咐事项		
序号	具体事宜	落实情况
1		
2		
3		
		家长签字:

今日实际情况					
饮食	时间(奶/辅食)		进食量(奶/辅食)		
睡眠	睡眠时间		睡醒时间		
排便	时间				
服药	时间	健康表现			
		咳嗽	流涕	腹泻	呕吐	其他

请配合事宜					
尿片	奶粉	备用衣	被褥清洗	剪指甲	其他

教师的话:

教师签名:

幼儿观察日志（1—2岁）

幼儿姓名：_____   观察日期：_____年____月____日

家长嘱咐事项		
序号	具体事宜	落实情况
1		
2		
3		
		家长签字：

今日实际情况					
睡眠	睡眠时间		睡醒时间		
排便	时间		时间		
服药	时间	健康表现			
		咳嗽	流涕	腹泻	呕吐	其他
配合事项	备用衣	被褥清洗	剪指甲	其他	

家长的话：

老师的话：

教师签名：

幼儿观察日志（2—3岁）

幼儿姓名：_____　　　　观察日期：_____年_____月_____日

时间	主要工作	进餐情况	睡眠时间	排便情况
周一			:　—　:	
周二			:　—　:	
周三			:　—　:	
周四			:　—　:	
周五			:　—　:	

配合事项	备用衣	被褥清洗	剪指甲	其他

家长的话：

老师的话：

教师签名：

教 学 评 价 表

姓　名				总　分	
日　期		时　间		评分人	
教学内容与主题				试教班级	
试教评量项目				评量比例	得　分
工作准备 48%	1. 教案编排是否符合幼儿年龄特点			8%	
	2. 教材准备是否充分			8%	
	3. 是否准备教学用具			8%	
	4. 自制教具适当性与实用性			8%	
	5. 是否美观、实用(色彩、材质、大小)			8%	
	6. 是否具有创意性			8%	
仪态 10%	1. 仪表服饰是否整洁			4%	
	2. 对待孩子言谈举止是否适当			6%	
教学技巧 24%	1. 声调快、慢、高低、强弱变化是否适当			4%	
	2. 发音是否正确、清晰、易于理解			4%	
	3. 目光是否顾及全班,注意幼儿的学习反应及请幼儿参与			4%	
	4. 教学是否热心、有信心			4%	
	5. 教学时间的支配是否恰当			4%	
	6. 处理问题是否机智			4%	
教学活动过程 18%	1. 是否引起动机,激发学习情绪			2%	
	2. 教学目标是否正确、清楚、完整			2%	
	3. 讲述发展是否条理分明、有层次、生动			2%	
	4. 教材补充是否适当			2%	
	5. 举例是否恰当			2%	
	6. 提问技巧是否合适			2%	
	7. 能否充分运用教学设备或教具			2%	
	8. 是否重视教室常规管理与设备维护			2%	
	9. 是否适时进行总结			2%	
评价者意见					

升班交接事项记录表

填表日期：_____年_____月_____日

幼儿姓名		出生年月日	
衔接老师		预计升班日	
固定接送家长	□爸爸　□妈妈　□爷爷　□奶奶　□其他：		

幼儿日常生活作息

每日入园时间：_____　离园时间：_____

目前奶量：_____　每日在校喝奶时间：□早上_____□中午_____□下午_____

换尿布时间：□2小时　　□3小时　　□其他_____

睡眠情形：□睡眠安稳　□不易入睡　　□易惊醒　　□特殊状况

每日午休：□1小时　□1.5—2小时　□2—3小时

需要安抚奶嘴时间：□无　　□整天　　□午休　　□情绪不佳

须注意行为：□无　□咬人　□爬桌椅　□抓人　□抢玩具　□其他_____

幼儿特性说明：

幼儿身体状况

健康状况：□良好　　□易过敏　　□易感冒　　□易尿布疹

饮食状况：□食欲佳　　□食量大,约_____　　□食量小,约_____

　　　　　□挑食,挑食食物_____

排泄状况：□正常　　□易便秘　　□易腹泻

过敏状况：□无　　□异位性皮肤炎　　□食物_____

注意事项：

家长特性说明

主要联络家长：□爸爸　　□妈妈　　□爷爷　　□奶奶　　□其他：_____

家长细心度：□很细心　　□普通　　□需要老师提醒

注意事项：

主任：_____　　衔接老师：_____　　填表老师：_____

活动日家长签到表

编号	宝宝姓名	联系电话	参加人数 （幼儿、家长）	家长签名	备 注
1					
2					
3					
4					
5					
6					
7					
8					
9					
10					
11					
12					
13					
14					
15					
16					
17					
18					
19					
20					
21					
22					
23					
24					
25					
26					
27					
28					

婴幼儿发展里程检核表(7—9个月)

发 展 特 征	需协助	完成	评 论
1. 能自己坐、能扶着成人或床沿站立,扶着成人的手能走几步			
2. 会爬			
3. 能用一个玩具敲打另一个玩具			
4. 能用手抓东西吃,会自己抱奶瓶喝奶,能用拇指、食指捏起细小物品			
5. 能发出"ba ba"等声			
6. 能听懂成人的一些话,如听到"爸爸"这个词时能把头转向爸爸			
7. 喜欢要人抱,会对着镜子中的自己笑			
8. 学拍手,能按成人的指令用手指出灯、门等常见物品和五官等			
9. 喜欢成人表扬自己			
10. 8个月时,说到爸爸、妈妈等时,会把眼睛转向所指对象			
11. 不需扶持自己已坐稳			
12. 能正确地模仿简单动作			
13. 把手中物品有意丢掉或推开			
14. 喜欢模仿音调,模仿声音			
15. 玩躲猫猫			

※ 有以下状况,家长需要引起注意,必要时去看医生:
· 不能用拇指和食指捏取东西。
· 对新奇的声音或不寻常的声音不感兴趣。
· 不能独坐。
· 不能吞咽菜泥、饼干等固体食物。

婴幼儿发展里程检核表（10—12个月）

发 展 特 征	需协助	完成	评 论
1. 长出 6 到 8 颗乳牙			
2. 能熟练地爬			
3. 扶着家具或者别的东西能走，有的孩子能自己走			
4. 能滚皮球			
5. 能反复拾起东西再扔掉			
6. 不像以前那样经常把玩具放进嘴巴			
7. 会找到藏起来的东西，喜欢玩找东西的游戏			
8. 用面部表情、手势、简单的词语与成人交流，如：微笑、拍手欢迎，伸出一个手指表示 1 岁等，会随着音乐做动作			
9. 能配合成人穿脱衣服			
10. 会搭 1—2 块积木			
11. 喜欢听儿歌、讲故事、听成人的指令能指出书上相应的东西			
12. 能模仿叫"爸爸""妈妈"			
13. 喜欢跟小朋友一起玩			
14. 可以坐得很稳，转前转后都能平衡			
15. 能把物品放入如杯子大小的容器中			
16. 能真正模仿语言			
17. 摇头表示不要			
18. 会摇手表示再见			
19. 会寻找被藏起的物体			

有以下状况，家长需要引起注意，必要时去看医生：
- 当快速移动的物体靠近眼睛时，不会眨眼。
- 不会模仿简单的声音。
- 不能根据简单的口令做动作，如"再见"等。
- 不能自己拿奶瓶喝水或奶。

婴幼儿发展里程检核表（12—18个月）

发 展 特 征	需协助	完成	评 论
1. 有8到14颗乳牙			
2. 能单独站立、行走、蹲下起来再起来,会抬一只脚做踢的动作			
3. 走路时能推、拉或者搬运玩具			
4. 能敲打瓶子、鼓等发声的玩具			
5. 重复一些简单的声音和动作			
6. 听懂和理解一些话,能说出自己的名字			
7. 能用一二个字表达自己的意愿			
8. 喜欢看书,学着翻书,但不能一页一页地翻			
9. 能从杯子中取出或放进小玩具			
10. 喜欢玩"捉迷藏"的游戏			
11. 能有意识地叫"爸爸""妈妈"			
12. 指出或命名熟悉的东西			
13. 能认出镜子中的自己			
14. 能堆起3—5块积木			
15. 能自己用杯子喝水,用勺吃饭			
16. 能指出身体的各个部位			
17. 能和小朋友一起玩一小会儿			
18. 扶着护栏上下楼梯			
19. 爬上椅子并翻身坐好			
20. 模仿做家务			
21. 握笔涂鸦			

有以下状况,家长需要引起注意,必要时去看医生:
- 还没有长牙。
- 不能表现出愤怒、高兴、恐惧等情绪。
- 不会爬。
- 不会独站。

婴幼儿发展里程检核表（18—24个月）

发 展 特 征	需协助	完成	评 论
1. 能向后退着走，能扶栏杆上下楼梯			
2. 在成人照顾下，能在宽的平衡木上走			
3. 能快跑			
4. 能扔球、向前踢球			
5. 喜爱童谣、歌曲、短小故事和手指游戏			
6. 能拉开和闭合普通的拉链			
7. 模仿做家务（如：给成人搬个小凳子、学着捏面食）			
8. 能手口一致说出身体各部位的名称			
9. 能主动表示大小便的意愿			
10. 知道并运用自己的名字，如"宝宝要"			
11. 能自己洗手、擦手			
12. 会说3—4个字的短句			
13. 能一页一页地翻书			
14. 模仿折纸，能推6—10块积木，拼1—3块拼图			
15. 喜欢玩沙、玩水			
16. 能认出照片上的自己			
17. 能倒退走			
18. 将东西放在定位，甚至简单的拼图，将其放在正确的位置			
19. 了解姓名与人的关系			
20. 有"属于自己"的概念			

有以下状况，家长需要引起注意，必要时去看医生：
- 不会独立走路。
- 不试着讲话或者重复词语。
- 对一些常用词不理解。
- 对简单的问题，不能用"是"或"不是"回答。
- 认不出镜子中的自己。
- 囟门没有闭合。

婴幼儿发展里程检核表（25—36个月）

发 展 特 征	需协助	完成	评 论
1. 乳牙出齐20颗			
2. 会骑三轮车；能跳远；能爬攀登架；能双脚向前跳；能独自绕过障碍物（如：门槛）			
3. 用手指捏细小的物体，能解开或扣上衣服上的大钮扣			
4. 能走较宽的平衡木			
5. 能自己上下楼梯			
6. 会拴开或拴紧盖子			
7. 能握住大的蜡笔在纸上涂鸦			
8. 喜欢倒东西和装东西的活动，如：玩沙、玩水			
9. 开始有目的地使用东西，如：把一块积木当作一艘船到处推			
10. 能把物体进行简单的分类，如：把衣服和鞋子分开			
11. 熟悉主要交通工具及常见动物			
12. 说出图画书中物品的名称			
13. 喜欢听成人念书			
14. 能听懂较多话，但不能说出来			
15. 能说出6—10个词的句子，能比较准确地使用"你""我""他"			
16. 情绪不稳定，没有耐心，很难等待或者轮流做事			
17. 喜欢"帮忙"做家务，爱模仿生活中的活动，如：喂玩具娃娃吃饭			
18. 喜欢和别的孩子一起玩			
19. 在白天自己练习大小便，不需协助			

有以下状况，家长需要引起注意，必要时去看医生：
- 不能自如地走，经常会摔倒；不能在成人帮助下爬台阶。
- 不能指着熟悉的物品说出它的名称；不能说2—3个字的句子。
- 不能根据一个特征把熟悉的物品分类，如：不能把吃的东西和玩具分开。
- 不喜欢和小朋友玩。

（二）市场类

意向客户信息收集登记表

社区级别	社区名称	家长名称	联系方式	宝宝性别	宝宝年龄 （出生日期）
A					
B					
C					

客户信息资料反馈表

序号	宝宝姓名	出生日期	家长姓名	联系方式	电话接听情况			是否上门		是否试听		是否报名		所报课程详细信息	成交金额	备注
					接听	未接听	空号停机	是	否	是	否	是	否			
1					☐	☐	☐	☐	☐	☐	☐	☐	☐			
2					☐	☐	☐	☐	☐	☐	☐	☐	☐			
3					☐	☐	☐	☐	☐	☐	☐	☐	☐			
4					☐	☐	☐	☐	☐	☐	☐	☐	☐			
5					☐	☐	☐	☐	☐	☐	☐	☐	☐			
6					☐	☐	☐	☐	☐	☐	☐	☐	☐			
7					☐	☐	☐	☐	☐	☐	☐	☐	☐			
8					☐	☐	☐	☐	☐	☐	☐	☐	☐			
9					☐	☐	☐	☐	☐	☐	☐	☐	☐			
10					☐	☐	☐	☐	☐	☐	☐	☐	☐			
11					☐	☐	☐	☐	☐	☐	☐	☐	☐			
12					☐	☐	☐	☐	☐	☐	☐	☐	☐			
13					☐	☐	☐	☐	☐	☐	☐	☐	☐			
14					☐	☐	☐	☐	☐	☐	☐	☐	☐			
15					☐	☐	☐	☐	☐	☐	☐	☐	☐			

年市场对外品宣活动策划表

合作对象	活动时间	活动内容	活动地点	活动策划	负责人	活动参与对象	收费（元）	市场花费（元）

市场活动经营计划表

主要经营项目	项目牵头人	企划策划方案时间	拍摄时间	配合单位	协助人员	启动时间	资金投入（元）	预计满足人数	计划营收	备注

市场活动策划表（范例）

____ 月

日历	2020年4月（参考范例）						
	周一	周二	周三	周四	周五	周六	周日
	6	7	1	2	3	4（清明节）	5
	13	14	8	9	10	11	12
	20	21	15	16	17	18	19
	27	28	22（地球日）	23（世界阅读日）	24	25	26
			29	30			

4月主题	繁衍的生命
线上拉新活动	生命的奇迹（一）重新推送、线上直播活动、线上粉丝维护
线下活动	各园区组织的种植活动
品牌活动	社区开放日，社区服务日，少儿频道的挂牌活动
营销活动	开园的优惠政策，各园针对暂不入托的家长做沟通、告知园区提供的其他服务
拉新活动	
节日海报	活动宣传电子海报，4月4日清明节，4月22日地球日，4月23日世界阅读日

可联合社区做园区对外开放活动。
可联合社区做需求婴幼儿上门入户指导服务。
1. 参与湖北一线医护工作者，其直系子女可享受价值不低于____元的早教课，托班6个月5折优惠。
2. 医护系统职工直系子女享受不低于____元的早教课程，托班3个月8折优惠。
3. 参加抗疫其他人员直系子女优惠____元，托班1个月__折优惠（提供资料）。
4. 托育中心所在城市医护子女，免费提供一个月的托育服务，3个月的亲子课程。
5. 开园的优惠政策。

市场支出预算表

_____年_____园

项　　目	资金预算（万元）

托育中心年度招生计划表

____年

年度	中心	月份	实际收费	教师工资	伙食费 幼儿、教师	物业费	水电费	日常开支	房租	合计	备注
第一季度		1月									
		2月									
		3月									
第二季度		4月									
		5月									
		6月									
第三季度		7月									
		8月									
		9月									
第四季度		10月									
		11月									
		12月									
合 计											

附录

附录1:

××市劳动合同书(范例)

扫码阅览

附录2:

用工协议书(范例)

扫码阅览

附录3:

员工培训服务协议书(范例)

扫码阅览